EL ARTE GROTESCO
DE
FRANCISCO AYALA

ESTUDIO DEL ELEMENTO GROTESCO EN TRES COLECCIONES DE FRANCISCO AYALA

Jorge Zamora

MEDIO SIGLO

Libros Medio Siglo
Colección Calíope

© Jorge Zamora
© Of this edition/De esta edición: Libros Medio Siglo

Primera edición: junio de 2017

ISBN 13: 978-0-9864497-6-5
ISBN 10: 0-9864497-6-8

Cover Design/Diseño de portada: Jonathan Martínez

Libros Medio Siglo
www.librosmediosiglo.org
mediosigloeditorial@gmail.com

A Rebecca y Mía, mis dos musas

ÍNDICE

INTRODUCCIÓN

El escritor y su mundo

Catedrático de Derecho Político, sociólogo, ensayista, crítico literario, Ayala tuvo una carrera polifacética que ha dejado su huella en diferentes áreas de actividad intelectual. Por eso, como dice Keith Ellis, "resulta difícil encasillarle de modo preponderante en ninguna de las varias actividades a las que ha contribuido con sus escritos" (*Arte* 9). Sin embargo, el campo en el que más se dio a conocer es el de las obras de imaginación. Su producción en el área de la novela y el relato corto ha sido objeto de cientos de artículos críticos y de diversos libros, ensayos y conferencias. Además, recibió las más distinguidas preseas del mundo literario hispano, habiendo sido incluso postulado por varios años como candidato al Premio Nobel de Literatura.

En la lista de los miembros de la <u>Academia</u> que aparecía al principio del *Diccionario de la Real Academia Española, (D.R.A.E.)* Ayala prefirió el título más genérico de "escritor" al de "novelista" (rubro utilizado por autores como Miguel Delibes y Gonzalo Torrente Ballester); detalle en apariencia nimio, pero que refleja la notoria reticencia de Ayala a ser catalogado fácilmente como novelista. Como menciona Estelle Irizarry, es admirable el hecho de que Ayala haya sobresalido en el mundo de las letras españolas a pesar de que él mismo no se identificase plenamente como novelista (*Francisco Ayala* 9). El propio Ayala lo había advertido y, con característico humor, había propiciado más confusión con comentarios como los de su prologuista espurio en la colección de *Los Usurpadores*: "Resulta duro en demasía que quien ya parecía adecuada, definitiva y satisfactoriamente catalogado como sociólogo salga ahora [. . .], como narrador de novelas" (*ONC* 454).

Esta ambigüedad característica de Ayala no obedece exclusivamente a la multiplicidad de su actividad intelectual, sino más bien era reflejo de la personalidad y el carácter que parece le eran propios. Ayala rechazaba los convencionalismos del trato social que imponen a uno la necesidad de adoptar una "pose" y a desempeñar un papel social definido que responda a las expectativas de la gente (*Recuerdos* 17). "Yo, por mí", decía Ayala, "he sido de aquellos que borran [. . .] los contornos de su figura social, quizá [. . .] para evitar en lo posible la fatal fosilización del ser" (*Recuerdos* 17).

Sin embargo, la animadversión que Ayala declaraba contra toda "pose" no era simplemente un esfuerzo por ocultar su verdadera persona. Ayala mismo marcó el camino para conocer su verdadero ser: a través de sus escritos. Allí es donde uno hallará al verdadero Ayala, "porque leer a un escritor", dice Ayala, "es conocerle más que se conoce al común de los conocidos, es ser íntimo suyo" (*El tiempo y yo* 274). De manera particular, continúa Ayala, debe uno leer sus creaciones imaginativas, porque en ellas el autor "vierte su recóndita intimidad o despliega sus más fantásticos ensueños" (*Recuerdos* 14).

Así, Ayala el hombre se revela a través de Ayala el escritor pero, como se ha visto, se encuentra uno ante esa vaguedad que rodea la imagen novelística del autor granadino. Como decía éste, su carrera literaria se había desarrollado bajo cierto signo de ambigüedad que tiende a frustrar los esfuerzos por catalogarlo:

> les resulta intolerable a muchos el que mi nombre se sustraiga obstinadamente al encasillado profesional. [. . .] Pues, ¿qué seré yo?: ¿un novelista?, ¿un catedrático? Y si catedrático, ¿de qué?: ¿de ciencias políticas y sociales?, ¿de literatura? Porque, después de todo, mis escritos no parecen prestarse en modo alguno a esas cómodas designaciones con que suele castigarse la gárrula diversidad de los productos intelectuales baratos [. . .].
> (*Confrontaciones* 109)

En aparente paradoja, Ayala no titubeaba en declarar sin ambages: "[y]o soy autor de novelas; las he escrito desde mi primera juventud" (*Confrontaciones* 134). A pesar de que a primera luz declaraciones como estas parezcan contradictorias, se esclarecen al observarse desde la perspectiva universal y humanística de Ayala. Es decir, deben entenderse dentro del contexto de su obra total: tanto de sus trabajos en los campos de la sociología y la ciencia política, como en el de sus creaciones imaginarias. Para el autor granadino, unos y otras no son sino diferentes manifestaciones de sus preocupaciones intelectuales más profundas (*Confrontaciones* 34).

Vistas así, las creaciones literarias de Ayala no responden necesariamente a un acto voluntario de querer producir novelas, sino más bien al deseo de dar expresión a dichas preocupaciones. Asimismo, es en la literatura imaginaria en donde Ayala halla la forma que le parece más valiosa para hacer patentes esas inquietudes intelectuales (*Confrontaciones* 35). Por eso, Ayala rechazaba la idea de que muchas de sus ficciones representasen hechos concretos de su realidad circunstancial (vgr., la Guerra Civil de España, el peronismo, la comunidad de Puerto Rico). Vistos así, resulta interesante notar el papel que jugaron la Guerra Civil y el exilio en la producción intelectual de este escritor cuya vida se vio tan afectada por estos acontecimientos. Era su sentir que los dos hechos de mayor contundencia en su circunstancia histórica personal no influyeron concretamente en su escribir. Es decir, a pesar de reconocer que el exilio fue "circunstancia vital" cuya influencia no se puede negar (*Confrontaciones* 63), y de que la Guerra Civil está "presente en todo lo que escrib[ió]" (*Confrontaciones* 90), Ayala no los considera causas determinantes de su creación literaria. Por ello la Guerra Civil no aparece como tema directo en sus narraciones sino, en todo caso, ha sido tratada, "muy oblicuamente" (*Confrontaciones* 90). *Los Usurpadores*, por ejemplo, constituyó en sí una reflexión sobre el conflicto español, pero "sin referencias inmediatas a nuestra experiencia cainita", dice Ayala (*Recuerdos* 348). De igual manera, *La cabeza del cordero*, alude directamente al conflicto pero "está tomada igualmente al sesgo, y ello con el mismo propósito de superar lo anecdótico infundiendo a lo particular y concreto un sentido general" (*Recuerdos* 349).

Más bien lo que Ayala procuró es que sus escritos tuvieran cierta perennidad y valieran, "para todas partes y para siempre" (*Confrontaciones* 64). Lo que buscó Ayala en su obra narrativa no

11

fue el recuento de hechos personales, ni tampoco la interpretación de circunstancias históricas específicas. Más bien lo que quería era proyectar una interpretación de la vida, dar estructura formal a sus percepciones básicas de la realidad (*Confrontaciones* 13). Porque, decía Ayala, en esas percepciones, en esa visión del mundo, es en donde radican todas las preocupaciones intelectuales del ser humano (*Confrontaciones* 34). En este contexto, Ayala no dudaba en considerarse primordialmente escritor de novelas. "Puestas así las cosas" decía, "me siento ante todo y sobre todo creador literario, y en ello me he mantenido siempre fiel a mi primera vocación" (*Confrontaciones* 35).

La crítica ante el grotesco ayaliano

La obra narrativa del escritor granadino Francisco Ayala ha sido objeto de gran número de estudios meritorios sobre temas y aspectos variados. No obstante, han sido muy contados aquellos estudios que de alguna manera profundizan sobre sus elementos grotescos. A pesar de que lo grotesco sea uno de los ingredientes más ubicuos y relevantes de varias creaciones imaginarias de Ayala, el trato de elementos como la escatología, la degradación o lo burlesco, por lo general no rebasa el comentario ancilar o incidental. No cabe duda de que notables estudiosos de las narraciones del autor granadino como Carolyn Richmond o Nelson Orringer, por ejemplo, reconocen la presencia más o menos constante de dichos elementos. Pero el factor grotesco hace su particular aparición sólo por entre líneas de los diversos estudios dedicados a otros aspectos de la novelística ayaliana. Inclusive, hay autores que no dudan en señalar la constancia de ciertos aspectos grotescos de su obra. Estelle Irizarry, por ejemplo, declara que la "temática negativa" (elementos como la degradación y la sátira), "es una constante" en la obra narrativa de Ayala, y subsiste "a pesar de cambios de tono" (*Teoría* 133 y 137). Ya desde la segunda novela de Ayala, dice Irizarry, se percibe "temprana vislumbre" del grotesco ayaliano utilizado en buena parte de sus obras de ficción (137). Irizarry ofrece un análisis relativamente extenso de lo grotesco en la narrativa ayaliana. En su libro *Teoría y Creación Literaria en Francisco Ayala*, la autora dedica buena parte del capítulo tercero al estudio de algunos aspectos de lo grotesco en la narrativa de Ayala; sin embargo, Irizarry no se refiere a dichos aspectos como elementos de lo grotesco, ni los trata como elementos autónomos. Más bien el enfoque de Irizarry es en función de dichos elementos como meras técnicas narrativas.

Andrés Amorós, en su prólogo (*Prólogo*) ensayístico a las *Obras Narrativas Completas de Francisco Ayala* (*ONC*), hace la siguiente reflexión al notar las fusiones grotescas que Ayala hace de lo serio/trágico, con lo cómico/fársico: "[l]a visión tragicómica de los problemas humanos es, desde luego, una constante en toda

13

la obra novelesca de Francisco Ayala" (22). Sin embargo, dicha observación tan certera, nunca se examina en detalle.

Ildefonso-Manuel Gil refleja sobre la tendencia de Ayala de presentar el "aspecto mezquino, o por lo menos minimizador, que hay siempre en el fondo, en la superficie, o en ambos a la vez, de toda maldad o perversión humana" (281). En opinión de Gil, Ayala procura esto a través de contraposiciones "que pueden ser patéticas, cómicas o ridículas, y aún las tres cosas al tiempo" (283). Para Gil esta es, "línea dominante en el mundo novelesco ayaliano" (282-83).

A pesar de observaciones como las anteriores, lo grotesco ayaliano no ha ocupado lugar prominente entre los estudios sobre la narrativa de este autor. Generalmente, lo grotesco se ha mantenido al margen de ensayos sobre diferentes aspectos de la novelística ayaliana. A veces se tratan temas grotescos, pero desde perspectivas no propiamente relacionadas con lo grotesco. En otras ocasiones, se han dado estudios totalmente ajenos a lo grotesco, que sin embargo no dejan de advertir ciertas características grotescas de la narrativa de Ayala. Así, por ejemplo, Rosario Hiriart, en su estudio sobre las alusiones literarias de la narrativa ayaliana, equipara el uso que Ayala hace de "lo escatológico" en varios de sus relatos, y la "Aventura de los Batanes" del *Quijote* (22). Por su parte, Emilio Orozco Díaz, en su excelente estudio, *Introducción a El jardín de las Delicias de Francisco Ayala* (*Introducción*), hace atinado análisis de la colección desde una perspectiva de lo barroco, que por su propia naturaleza lleva implícitos aspectos de lo grotesco. Inclusive Keith Ellis, autor de *El arte narrativo de Francisco Ayala* (*Arte*), señala la "calidad burlesca" y la "combinación de lo serio y lo cómico" que Ayala utiliza en su primera novela, *Tragicomedia de un hombre sin espíritu* (27).

Este tipo de comentario se ve reiterado de manera constante en diferentes estudios de las creaciones imaginarias de Ayala. En su análisis conjunto de tres relatos ayalianos, por ejemplo, Janet Pérez y Ricardo Landeira aluden a "las posibilidades tanto cómicas como horroríficas" de "Violación en

14

California", narración que aparece en la colección *El As de Bastos* ("La historia dentro de la historia en tres cuentos de Francisco Ayala" 488).

Un estudio que merece especial mención dentro del corpus de crítica ayaliana es el de Ricardo Arias: "Relación de 'El jardín de las delicias' del Bosco, y el de Ayala en el contexto de sus obras". Este ensayo destaca por su profundidad en cuanto a lo grotesco y su atinadísima perspectiva al analizarlo. Como se verá más adelante, Arias hace una comparación del grotesco de ambos artistas y plasma la tesis de que la relación entre las dos obras deriva de su respectiva visión del mundo.

No deja de llamar la atención, pues, la aquiescencia existente entre los estudiosos de la obra ayaliana con respecto a los elementos grotescos de su narrativa. Así, por ejemplo, la crítica es pronta en señalar lo que considera una "intensificación" de los elementos grotescos que parece darse a partir de la colección *Historia de Macacos* (*Macacos*). En efecto, nótase una especie de "consenso" al respecto que se traduce no sólo en referencias directas a dicha intensificación, sino en lo más deliberado y ponderativo de los comentarios que abordan lo grotesco de la narrativa ayaliana. En términos generales, la crítica está de acuerdo en que, a partir de *Macacos*, el grotesco ayaliano adquiere un papel más obvio y relevante en su narrativa.

Lo anterior se puede inferir de citas como la de Gil transcrita arriba, y de las declaraciones que hacen autores como Antonio Martínez Herrarte o Andrés Amorós. Según el primero, "[el relato]'Historia de Macacos' supone la aparición de un nuevo tono en el estilo narrativo de Ayala [. . .]. La ironía de Ayala se convierte en sátira", a fin de presentar al lector un mundo de humanos degradados (4). Amorós por su parte, declara que, a partir de la colección *Macacos*, se "intensifica la tendencia de Ayala a utilizar su humor tragicómico, basado en el descubrimiento sagaz de las debilidades humanas por debajo de las máscaras del convencionalismo y respetabilidad que la sociedad nos proporciona [subrayado agregado]" (*Novela* 25).[1]

Esta línea crítica se perpetúa a través de comentarios como los de Keith Ellis, José Luis Cano y Hugo Rodríguez Alcalá.

Para Ellis, la "tendencia quevedesca" de Ayala a, como él dice, "presentar un mundo de perdurable corrupción", no sólo se continúa con (el relato) "Macacos", sino que "se refuerza" (*Arte* 157). Por su parte, José Luis Cano observa que en las narraciones que parten de la colección *Macacos*, Ayala "ha acentuado [. . .] el lado grotesco y degradante de ciertas relaciones humanas" (2). En este sentido, el crítico paraguayo, Hugo Rodríguez Alcalá, consideró que, las obras que parten de la colección *Macacos* representaron un cambio radical en el estilo novelístico de Ayala hacia lo que aquél llama la "sátira aniquilante" (76). Asimismo, según Estelle Irizarry, en su momento, la colección subsecuente a *Macacos*, o sea, *El As de Bastos*, fue considerada "quizás el más 'escatológico' de los libros de Ayala" (*Teoría* 166).

Otra tendencia que se deja ver entre el comentario crítico es que, con el análisis de obras que parten de *Macacos*, comienzan a proliferar las comparaciones de Ayala con autores que por lo regular se relacionan con la tradición de lo grotesco en las letras hispánicas, sobre todo Quevedo y Valle Inclán. La ya citada comparación de Ellis se ve reflejada en comentarios como los de José Marra López o Germán Gullón. El primero, por ejemplo, al analizar un par de episodios de *Muertes de perro*, observa que, "[a]mbos sucesos son tan grotescos que se explican por sí solos, cada uno en su estilo, y el lector encuentra inmediatamente una relación de pesadilla con Los sueños quevedescos " (276). Gullón, por su lado, al comentar la misma obra, dice que "[l]a fusión de lo trágico y lo grotesco según la manera de Valle se da con una precisión que permite decir que al escribirla aceptó Ayala las reglas del juego esperpéntico" ("Degradación" 470).

No sin cierta elocuencia, Eugenio de Nora, en su estudio de la novela española contemporánea, sitúa a Ayala en línea directa con los "herederos lejanos del Valle Inclán maduro," como Camilo José Cela y Torrente Ballester (245). Según de Nora, todos ellos se "asoman", como Valle, "por su significativa afinidad, a la escena telúrica y la farsa grotesca " (245). Rodríguez-Alcalá tampoco duda en equiparar la novelística de Ayala en *Muertes de perro*, con el "Quevedo más sombrío" (77). Asimismo, dice

Rodríguez-Alcalá, por virtud de sus relatos en *Macacos*, Ayala entronca "con la tradición hispánica de los Alemán y los Quevedo" (79).

En fin, no se trata aquí de hacer relación exhaustiva de todas y cada una de las referencias críticas al grotesco ayaliano. A reserva de que más adelante se utilizarán varios de los estudios citados anteriormente, por lo pronto sólo se quiere hacer hincapié en el reconocimiento casi unánime de la crítica respecto del papel relevante que juega lo grotesco en la novelística ayaliana. Por ello se considera necesario dedicarle estudios concienzudos y profundos al ingrediente grotesco de la narrativa ayaliana. No debe quedar conforme la crítica con simplemente señalar lo grotesco; urge abordar de lleno este elemento tan importante para la narrativa de este autor. Lo grotesco merece lugar mucho más prominente dentro del estudio de las ficciones de Ayala, particularmente muchas de aquellas que parten de *Macacos*. En ellas lo grotesco se vuelve tema inevitable, no simplemente por su efecto acumulativo, sino porque en muchas de dichas narraciones se ha convertido en elemento *sine qua non*.

Lejos de pretender llenar la consabida laguna, el presente estudio procura simplemente fundamentar las anteriores aseveraciones a través del análisis de algunas de las narraciones que parten de *Macacos* y servir de punto de partida para un diálogo sobre el aspecto de lo grotesco en la obra narrativa de Ayala. Se examinan detalladamente los aspectos grotescos de algunas de estas narraciones a fin de ver cómo funciona lo grotesco ya no bajo el rubro superficial de recurso narrativo, sino como elemento que define y determina el sentido mismo de la obra.

Las narraciones que se estudiarán aquí provienen de tres colecciones: *Historia de macacos, El as de bastos* y, *El jardín de las delicias*. El estudio se halla dividido en seis capítulos incluyendo esta Introducción y la Conclusión. En virtud de que lo grotesco es un concepto tan ambiguo, se ha dedicado el segundo capítulo a presentar y precisar la noción de lo grotesco a partir de la cual se hacen los análisis contenidos en capítulos subsecuentes. El capítulo segundo contiene además lo que podría llamarse la teoría del grotesco ayaliano. Finalmente, en los tres últimos capítulos se examinan diferentes relatos de cada colección procurando destacar los elementos grotescos más relevantes. Los tres capítulos finales se hallan divididos según la colección de la cual provienen los relatos que se examinan. La difícil decisión de seleccionar los relatos se basó más que nada en su mayor capacidad para ejemplificar y tipificar algunos de los aspectos más relevantes del grotesco ayaliano. La idea dominante del presente estudio es que, a través de lo grotesco podrá uno acercarse e intuir (más que entender) el universo extraño de las narraciones que se estudian. Mismo universo que, como dice ese extraordinario comentarista de lo humano, no es sino reflejo del mundo en que vivimos (*Confrontaciones* 36).

CAPÍTULO I

LO GROTESCO

Nociones Generales Sobre Lo Grotesco

Uno de los problemas a los que se enfrenta el lector al interpretar lo grotesco de la narrativa de Ayala se deriva del concepto mismo "grotesco". La dificultad primordial al tratar con lo grotesco es la naturaleza ambigua y esquiva del concepto mismo. Como dice Barasch, evoca fenómenos variados y dispares que recorren varios siglos y múltiples significaciones.[2] Por ello es un término que resiste fácil definición y, como dice N. Sheridan y Ross, ha presentado problemas lo mismo a críticos que a investigadores y filósofos (1). En paráfrasis de Harpham, lo grotesco es concepto inestable, más fácil de intuir en la obra de arte que de captar o comprender (xvi).[3] Según el D.R.A.E., el vocablo proviene del italiano "*grottesco*" y en su acepción primaria significa "ridículo y extravagante" (1060). Otras definiciones que ofrece el D.R.A.E. incluyen: "2. [i]rregular, grosero y de mal gusto. 3. Perteneciente a la gruta artificial. 4. Dícese de los adornos caprichosos que imitan a los de la gruta de Tito en Roma" (1060). De hecho, el vocablo "grotesco" tiene relativamente corta existencia. Las palabras italianas grottesca y grottesco se utilizaron por vez primera a finales del siglo XV.[4] Como se aprecia de la definición cuarta del D.R.A.E., el término se utilizó para referirse a ciertas figuras fantasiosas que fueron descubiertas alrededor de 1480 durante las excavaciones del Domus Aurea del imperio romano bajo Nerón (Harpham 23). Sin embargo, este estilo no era originario de Roma, sino más bien ésta lo había adoptado aproximadamente a principios de la era cristiana (Kayser 192).[5] Bien conocida es para los estudiosos de lo grotesco la cita del arquitecto romano Marco Vitruvio Pollio en la que describe y condena dichas figuras.[6] Como bien sugiere Harpham (26), el rechazo de lo que se vendría a llamar "grotesco" hace clarísimo eco del que expresa Horacio en su *Epistula ad Pisones,*

19

mejor conocida como la *Ars Poetica* escrita entre los años 12 y 8 antes de nuestra era (Dorsch 21).[7] Sin embargo, a pesar de la más o menos reciente existencia del término, críticos como McElroy postulan la probabilidad de que lo grotesco ha existido desde los albores de la civilización (183). Asimismo, como ha demostrado Kayser, el concepto de lo grotesco ha pasado por un sinnúmero de avatares a través de los siglos.[8] Por ello también, críticos como Neil Rhodes consideran que no es posible llegar a lo que sería una definición universal de lo grotesco; cada época ha tenido su propia interpretación de lo que es grotesco y por lo general ésta no tiene elementos suficientes como para adecuarla a época distinta (ix). Así, la *Celestina* y *El Buscón*, los sueños fantasiosos del pintor renacentista, las caricaturas novecentistas de Daumier y Goya son todos tan grotescos como las creaciones del recién finado modista Alexander McQueen o la "realidad a ultranza" de que habla Thomas Mann.[9]

En virtud de que el término "grotesco" generalmente resulta tan problemático, lo que se hace a continuación es presentar un bosquejo de algunos de los principales autores que se han ocupado del estudio de lo grotesco a través de los años y cuyas ideas han servido como base para establecer la noción de lo grotesco conforme a la que funciona el presente estudio. Como se verá, a pesar de la multiplicidad de interpretaciones y definiciones, hay características o ingredientes que tienden a sobresalir con cierta consistencia de las diferentes aproximaciones y estudios que se han hecho de este fenómeno. Así, se hallarán ingredientes que generalmente identifican lo grotesco y que, sirven en el estudio de lo grotesco en la obra de Francisco Ayala.

Víctor Hugo

Si no la primera,[10] sí la más relevante postulación de lo grotesco que habría de afectar las nociones actuales del concepto la hizo Victor Hugo (1802-1885) con la publicación en 1827 de su prólogo a "Cromwell". En éste, Hugo declara la guerra a las concepciones clásica y neoclásica del mundo, en las que lo grotesco se había descontado como una extravagancia. Según

Hugo, esta visión proveniente de la antigüedad clásica y perpetuada durante el Neoclasicismo, era incompleta y artificial porque no incluía aspectos de "lo feo" ni de "lo grotesco" (6). Para Hugo esto comienza a cambiar con el advenimiento del cristianismo que ofrece una visión binaria del mundo (bello/feo, normal/anormal, sublime/grotesco) que refleja más y mejor la realidad y que, por lo mismo, debe utilizarse de la obra artística (6).[11] Es de notarse que con las postulaciones de Hugo se empieza a fraguar una noción de lo grotesco como algo ambivalente. Hugo contribuyó enormemente a la idea de lo grotesco como algo que combina elementos de lo horrible con elementos de lo cómico. Según lo explica el autor de "Cromwell", en la visión del humano "moderno," lo grotesco juega un papel vital: "está en todos lados; por una parte, crea lo deforme y lo horrible, por la otra, lo cómico y bufonesco" (7).[12]

John Ruskin

La ambivalencia predomina también en otra de las obras seminales para el estudio de lo grotesco: *The Stones of Venice* (1853), del arquitecto y ensayista inglés, John Ruskin. Al observar algunas de las esculturas de la Venecia medieval y renacentista, Ruskin halla en ellas ejemplos de lo que él denomina el "Grotesco Renacentista." Las figuras, dice Ruskin, combinan elementos de lo lúdico y lo terrible, que conforman lo que él entiende por lo grotesco (126).[13] Según predomine el uno o el otro elemento, sigue Ruskin, lo grotesco tenderá a ser más lúdico que terrible y viceversa; pero siempre participará de ambos elementos (126-127). Esta concepción de lo grotesco hace eco de Victor Hugo, pero además la amplifica al tocar en la idea de lo terrible.[14] Ruskin divide lo grotesco en dos ramas: el alto o noble grotesco y el grotesco bajo o innoble (127). Según Ruskin, el espíritu lúdico del grotesco gótico o "noble", se deriva de la necesidad que tiene el ser humano de descansar de sus labores diarias (128-129). En tanto que en el grotesco bajo o "innoble," correspondiente a la época renacentista, lo lúdico se deriva más bien del espíritu hedonista que, según Ruskin, prevaleció durante dicha era (129-130).

21

Partiendo de esta idea, el análisis de Ruskin prosigue a través de campos psicológico-filosóficos hasta considerar que el ánimo lúdico del gótico medieval o alto grotesco, tiene correspondencia directa con la cosmovisión medieval y con las preocupaciones intelectuales del individuo (141).[15] Así, para Ruskin, a través de lo grotesco, el individuo medieval está enfrentándose, aunque indirecta e involuntariamente, a los enigmas, terrores e incongruencias de su existencia.[16] El grotesco "innoble" en cambio, deriva de un acto volitivo que solo busca provocar la excitación, el terror, y la risa que suelen atribuirse a la obra grotesca (142). La obra del grotesco innoble pues, dice Ruskin, no es más que creación artificial, manufacturada, que no tiene relación con la naturaleza ni con la verdad (142-43).

Esta concepción de lo grotesco de Ruskin como algo ambivalente, entre lo lúdico y lo terrible sirve para consolidar las bases ya establecidas por Hugo y los alemanes,[17] y para ampliar el ámbito de significación de lo grotesco. Además, con las ideas de pensadores como Hugo y Ruskin se comienzan a establecer algunas de las nociones que se tienen de lo grotesco en la actualidad.[18]

Wolfgang Kayser

Lo anterior se puede apreciar, por ejemplo, al revisar uno de los estudios más significativos del siglo veinte sobre lo grotesco: *Das Groteske: seine Gestaltung in Malerei und Dichtung* (*Lo grotesco en el arte y la literatura*). Publicada en 1963, la obra de Wolfgang Kayser es sin duda uno de los estudios fundamentales sobre lo grotesco del siglo veinte. Aunque de manera más oblicua, la ambivalencia de lo grotesco aparece como tema subyacente pero preponderante de las lucubraciones del maestro de la Universidad de Götingen. Kayser se lanza a un profundo y exhaustivo estudio etimológico del vocablo a partir del Renacimiento. Conforme avanza el estudio, la ambivalencia de lo grotesco surge como tema recurrente de las páginas de Kayser. Así, por ejemplo, Kayser remarca como durante el Renacimiento, lo grotesco se ve no solo como estilo "alegre y juguetón" pero también "siniestro" (21). Luego, al analizar el uso del vocablo como adjetivo por autores alemanes del s. XVI, Kayser explica que lo entendían como "fusión monstruosa" de elementos dispares que oscilan entre lo humano y lo no humano (24). Pero como hace ver el maestro alemán, la ambivalencia de lo grotesco se desprende no solo de la mezcla de elementos incongruentes, sino también de las reacciones encontradas que provoca (31). Dichas reacciones ante lo grotesco, expone Kayser más adelante, surgen en buena parte porque lo grotesco es, "terrible" y "ridículo" a la vez (44). Para Kayser, quizá la mejor exposición de lo grotesco en una obra literaria la hizo el autor de "La máscara de la muerte roja", Edgar Allan Poe. Así, puede verse como destaca la ambivalencia de lo grotesco de la explicitación que Kayser hace de un pasaje del relato Poe:

> La distorsión de todo ingrediente, la fusión de todo reino, la coexistencia de elementos bellos, extraños, fantasmales y repulsivos, la fusión de las partes dentro de un todo turbulento, la retirada hacia un mundo fantasmagórico y nocturno [...] —todas estas características han entrado a formar parte de lo que se concibe como lo grotesco. (Kayser 79)[19]

En fin, como se ha dicho, conforme avanza el estudio etimológico de Kayser, la ambivalencia de lo grotesco se va reafirmando. Ya sea al analizar estudios de autores del siglo XVI (24), tratados decimonónicos como el de Hegel, u obras literarias de autores del siglo veinte como Pirandello o Thomas Mann.[20]

Al concluir su examen histórico, Kayser retoma el tema de lo grotesco como categoría estética con el que había iniciado su pesquisa y llega a dos observaciones fundamentales en su obra. La primera reitera las bases para considerar lo grotesco como categoría estética (180). La segunda establece lo grotesco como "principio estructural" de las obras de arte (180). Luego, Kayser se acerca nuevamente a la naturaleza ambivalente de lo grotesco al meditar sobre la manera en que, dados sus elementos ambiguos y de significación múltiple, lo grotesco se puede prestar a interpretaciones fallidas (181).[21] Hacia el final de su estudio, Kayser formula la primera parte de su concepción tripartita de lo grotesco. En primer lugar, dice Kayser, lo grotesco es "una estructura", cuya naturaleza radica en el mundo de lo insólito (184). A través de lo grotesco dice, el mundo del diario se ve transformado en un mundo extraño y amenazador (184). Pero el terror no deriva del simple hecho de que el mundo sea extraño, sino del hecho de que el mundo insólito y nuestro mundo del diario son uno y el mismo (184-185). Se puede bien apreciar que esta indefinición entre lo insólito y lo normal no se refiere sino a la ambivalencia de lo grotesco. En segundo lugar, continúa Kayser, lo grotesco es un juego con el absurdo; pero Kayser lo pinta como un juego terrible y ambivalente en el que el artista juega entre la risa y el terror con la idea de que la vida ya no tiene sentido (187). [22] Así, concluye el maestro alemán, lo grotesco representa un esfuerzo por invocar y subyugar los aspectos demoníacos del mundo (188).

En relación con lo postulado por Kayser, vale la pena hacer mención del conocido ensayo de Sigmund Freud sobre lo siniestro: *Das unheimliche*. Resulta inevitable hacer la conexión con las interpretaciones que hace Kayser de lo grotesco. A pesar de que aquél sí hace algunas referencias a Freud, no hace la conexión directa con el ensayo del psicólogo austriaco publicado por vez primera en 1925. Freud no utiliza el término grotesco, pero describe elementos similarísimos a los arriba citados y que en definitiva son algunas de las emociones que produce el grotesco. La palabra *unheimlichie*, se traduce generalmente al español como "lo siniestro"; sin embargo, bien visto, no parece haber un vocablo en la lengua hispana que abarque el significado del término germano. Se asocia con términos como el de extrañeza, lo misterioso, lo lúgubre y, lo siniestro. Muy brevemente, Freud lo describe como aquel sentimiento de miedo o terror que siente uno al verse frente a algo que resulta a la vez extraño y familiar (*Freud* 220). Por un lado, Freud hace consabida interpretación al atribuir dicha reacción a la recurrencia del reprimido complejo infantil de castración (*Freud* 249). Por el otro, Freud dice que esta reacción ocurre, "when primitive beliefs which have been surmounted seem once more to be confirmed" (*Freud* 249).

Mijail Bajtín

La ambivalencia de lo grotesco es elemento primordial en las interpretaciones de Mijail Bajtín. Sin embargo, Bajtín aborda lo grotesco desde una perspectiva diametralmente opuesta a la de Kayser, cuyas interpretaciones resultan prácticamente intolerables para el pensador ruso. Para éste, lo grotesco surge de la evolución milenaria de la cultura cómica popular (9 y ss). Bajtín crea el término convencional de "realismo grotesco" para referirse a la cosmovisión medieval y renacentista basada en dicha cultura cómica popular (23). Dicha cosmovisión tiene diversas maneras de expresión entre las que Bajtín destaca el festival carnavalesco, que resulta en realidad una interpretación del mundo y de la vida (13-14). Según Bajtín, la influencia del carnaval en el individuo medieval fue muy importante porque "les obligaba a renegar en cierto modo de su condición oficial [. . .] y a contemplar el mundo desde un punto de vista cómico y carnavalesco" (18). Del carnaval surgen formas o manifestaciones que le son peculiares y entre las que destaca la "risa carnavalesca." Esta se caracteriza por ser "popular" (del pueblo y perteneciente a todos); "universal" (se ríe de, y con el mundo entero), y "ambivalente" (17). Esta ambivalencia significa que la risa carnavalesca es "alegre y llena de alborozo", dice Bajtín, "pero al mismo tiempo burlona y sarcástica, niega y afirma, amortaja y resucita a la vez" (17).

Por otro lado, "[e]l rasgo sobresaliente del realismo grotesco es la degradación", dice Bajtín, pero en un sentido cósmico y corporal (25). Es decir, en el realismo grotesco, "[r]ebajar consiste en aproximar a la tierra, entrar en comunión con la tierra concebida como un principio de absorción y al mismo tiempo de nacimiento: al degradar, se amortaja y se siembra a la vez, se mata y se da a luz algo superior [subrayado original]" (25). Por ello, concluye el pensador ruso, la degradación grotesca no tiene sólo valor negativo, sino también positivo y "regenerador:

es <u>ambivalente</u>, es a la vez negación y afirmación [subrayado original]" (25).

Estas ideas apenas bosquejadas de Bajtín sobre lo grotesco denotan su perspectiva contraria a la de Kayser. Para el sabio ruso, las conceptualizaciones de Kayser sobre lo grotesco sorprenden por su "tono terrible y espantoso" (48). Según Bajtín afirma, "el grotesco medieval y renacentista, basado en la cosmovisión carnavalesca, está exento de esos elementos terribles y espantosos y es, en general, inofensivo, alegre y luminoso" (48). Bajtín relega el terror que podría sentirse ante lo grotesco a categoría de "expresión exagerada de una seriedad unilateral y estúpida" (48). Este terror, dice Bajtín, "es vencido en el carnaval a través de la risa" (48). Además, agrega, lo grotesco necesita de "libertad absoluta", y ésta no puede lograrse "en un mundo dominado por el miedo" (48).

Lee Byron Jennings

Un excelente análisis de lo grotesco es el que ofrece Lee Byron Jennings en su estudio sobre lo grotesco en la literatura post-romántica alemana (*The Ludicrous Demon*). Haciendo un poco eco de Kayser,[23] a través de la larga enumeración de "objetos grotescos", Jennings identifica algunas de las primordiales características de lo grotesco. La primera que menciona es la "distorsión o deformación". Como explica este autor, todas las figuras grotescas participan de la distorsión, un término de connotaciones peyorativas (8). La distorsión conlleva la idea de una transformación hacia algo menos deseable de lo que fue la forma original, dice Jennings (8). Sin embargo, advierte el autor, esto no significa que cualquier distorsión o deformación conduce hacia lo grotesco, pues el "original" no debe quedar distorsionado al extremo de perderse (8). Es decir, no debe quedar irreconocible, surgiendo una figura autónoma e independiente de la forma primera. Aunque distorsionada, la forma nueva deberá de alguna manera reflejar, o cuando menos "sugerir" el original (8).

En segundo término, Jennings señala el aspecto antropomórfico de las figuras grotescas. Jennings hace ver que precisamente todas consisten propiamente en una distorsión de la figura o el rostro humanos (8). Así, la figura humana es el estándar a que casi toda deformación deberá referirse.[24]

Un tercer elemento que resalta de las explicaciones de Jennings es el que podría llamarse el de la "dinámica de lo grotesco". Jennings no utiliza propiamente el término, pero sí lo advierte a lo largo de sus lucubraciones. La distorsión, dice, representa una "progresión" o, si se quiere, "regresión" degenerativa de lo bello, lo armónico o lo razonable hacia lo feo, lo caótico, o lo absurdo (8-9). Lo que más resalta de esta progresión de que habla Jennings es lo inconcluso de lo grotesco. Es decir, el punto degenerativo absoluto nunca se logra, no se llega nunca al caos o al absurdo total ni a la deformación absoluta, siempre habrá un cierto elemento de lo identificable, y siempre habrá esa idea de progresión hacia lo opuesto (9). La anterior observación lleva a Jennings a la conclusión de que, por más imaginativo que pueda ser el proceso de distorsión, lo grotesco deberá siempre mantener un pie dentro de la realidad (10).

Más adelante Jennings hace eco definitivo del criterio de John Ruskin al observar que, "el objeto grotesco siempre presenta una combinación de cualidades espantosas y lúdicas" (10).[25] Jennings razona que, en virtud de que las teorías de lo grotesco fluctúan constantemente entre ideas de lo insólito/horrible e ideas de lo ridículo/juguetón, es de pensarse que la combinación contradictoria de lo lúdico y lo espeluznante es clave para la comprensión de lo grotesco (11).

Al analizar el acto receptivo ante lo grotesco, Jennings hace una observación en cuanto a la dinámica de lo grotesco por la que el acto receptivo oscila entre el terror y la burla. Jennings procura señalar que este aspecto ambivalente corresponde precisamente a una interacción entre lo lúdico y lo terrible que se da en lo grotesco. Más que una simple yuxtaposición, dice Jennings, lo grotesco representa una auténtica interacción de fuerzas opositoras respecto de un mismo objeto (14). De no ser así, de no darse esta constante dinámica, continúa Jennings, la figura perderá su aspecto grotesco. Si uno de los aspectos prevalece, la figura quedará estancada en la categoría de lo raro, lo terrible o lo exagerado, pero dejará de ser propiamente grotesca (16).

Quizá uno de los aspectos más originales del estudio de Jennings es el trato que le da a lo que considera lo "grotesco situacional" o la "situación grotesca". Esto Jennings lo entiende como una situación que presenta la "distorsión profunda" de lo lúdico y lo temible (18).[26] Aquí la distorsión no se refiere a la <u>forma</u> del ser humano, dice Jennings, sino más bien a las normas básicas que rigen su experiencia del diario (18). Más que nada, la situación grotesca representa una violación a dichas normas (18). [27] Al igual que con lo grotesco de figuras, lo grotesco situacional se ve incrementado por el factor antiestático (19).[28] Aquí Jennings observa que la moción característica de lo grotesco es la danza cíclica, que tiende a inspirar miedo y diversión a la vez (19). El elemento cíclico de la danza, concluye Jennings, hace que el desplazamiento se revierta sobre sí mismo (19).[29]

Philip Thomson

El último estudio que se bosquejará aquí será el de Philip Thomson, cuyo análisis en cierta manera recaba las ideas delineadas con anterioridad. En este sentido, la ambivalencia es también característica predominante del estudio de Philip Thomson. Thomson concentra sus esfuerzos en el aspecto dual y dinámico de lo grotesco y procura identificar las características más sobresalientes (y frecuentes) del fenómeno. Luego propone lo que él llama una "definición básica" que identifica lo grotesco como el "choque irresuelto de incompatibles" resultante de una obra y la reacción que produce (27).[30] Una de las constantes en este choque de incompatibles, dice Thomson, es lo "anormal ambivalente". Thomson explica que lo grotesco casi siempre cuenta con la presencia de lo anormal pero éste se caracteriza a su vez por ser ambivalente (27).

Uno de los aspectos más destacados de la obra de Thomson proviene de la manera en que fija los lineamientos para reconocer lo grotesco; mismos que, como se verá, reiteran su naturaleza ambivalente. Así, Thomson considera que las

28

predominantes de lo grotesco son: *lo inarmónico; lo cómico/terrible; lo extravagante y exagerado;* y *lo anormal.*

Según Thomson, *lo inarmónico* es la característica más distintiva de lo grotesco y puede aparecer de diferentes formas: como conflicto, choque o contraste; como mezcla o combinación de lo heterogéneo; o como una fusión de elementos dispares (20). Además, agrega Thomson, es importante que el elemento inarmónico se perciba no sólo en la obra en sí, sino también en la reacción que produce y en lo que él llama "el temperamento creativo y la formación psicológica del artista" (20). En seguida, y haciendo eco de Ruskin y Jennings, Thomson señala que lo grotesco aparece como una *combinación irresuelta de lo cómico con lo terrible.* El aspecto irresoluble de lo grotesco es importante, subraya Thomson, porque se perderá el impacto tan particular que produce lo grotesco si la combinación entre lo cómico y lo terrible se resuelve; pues el conflicto entre elementos incompatibles no sólo se puede dar en lo grotesco, sino que otras figuras como la ironía y la paradoja dependen también de este tipo de conflicto o "confrontación" (21). En tercer lugar, Thomson destaca que lo grotesco siempre se ha percibido como algo *extravagante* o *exagerado,* y esto hace que lo grotesco a menudo se asocie con lo fantástico; sin embargo, las extravagancias y exageraciones de lo grotesco no significan que éste sea fantástico (22-23). Recalcando a Kayser y a Jennings, Thomson considera que, por más exagerada que sea la figura o situación presentada, ésta deberá mantenerse dentro de la realidad para ser grotesca (23).[31]

Finalmente, Thomson se ocupa de *lo anormal* como característica típica de lo grotesco. Lo anormal, dice, puede divertir y producir risa por novedoso y extraordinario; sin embargo, hay un punto en el que la risa se puede tornar en asco y horror. Thomson dice que ese punto es cuando lo anormal rebasa demasiado las "reglas establecidas" al punto de volverse incluso amenazador. Lo grotesco, dice Thomson, se halla precisamente en la tenue línea divisoria entre la risa y el horror que produce lo anormal. Por eso a menudo lo grotesco se asocia con lo anormal, más no debe confundirse con el mismo (24-25). Como puede apreciarse, estas concepciones hacen eco de los pensadores ya citados, desde Ruskin hasta Kayser y Bajtín, con las ideas sobre ese terreno inestable y ambivalente que ocupa lo grotesco.

Ayala ante su grotesco

Como se ha visto, la expresión de su visión del mundo adquiere el carácter de *causa causae* en la novelística ayaliana. "Mis escritos", decía Ayala, "bajo el desorden de su diversidad formal, responden a una profunda unidad de motivación que les presta no poca congruencia íntima. He aspirado en suma a plasmar mi propia visión del mundo [. . .]" (*Confrontaciones* 109-10). Esta cita, tomada del prólogo a una de sus antologías, bien puede adjudicarse a toda la obra narrativa del autor granadino. Lo que más le preocupa a Ayala como novelista, "es el deseo de dar expresión al sentido del mundo en que vivimos" (*Confrontaciones* 49). Porque para este gran narrador de lo humano, "[l]a obra creativa expresa la visión del mundo que es peculiar de un hombre concreto, de un individuo humano. Y a este centro van a parar, como los radios de una rueda, todas las manifestaciones o exteriorizaciones del escritor" (*Confrontaciones* 91).

Según lo explica Ayala en su estudio sobre Benito Pérez Galdós, la materia fundamental de toda novela es, "el humano vivir" (21). En opinión de Ayala, lo que hace al gran escritor es, por un lado, una percepción de la realidad que rebasa las facultades perceptivas de la gente común. El gran escritor, dice Ayala, posee "sarcasmo, lirismo, ironía, mirada penetrante para ver lo que la gente pasa por alto" (*Confrontaciones* 13). Por el otro, está su "capacidad de dar una estructura formal a sus percepciones básicas de la realidad" (*Confrontaciones* 14). Por eso, Ayala ha definido al novelista, grosso modo, como aquél empeñado en "transmitir a sus contemporáneos sus intuiciones, [. . .], acerca de la vida humana, y con ellas, su visión o vislumbre del mundo" (*Galdós* 27).

En el afán por proyectar su cosmovisión, Ayala procura las formas estilísticas que mejor se adecúen a dicho esfuerzo artístico. "El escritor consciente de su arte", dice Ayala, "que aporta una visión del mundo propia, un matiz personal y original en la interpretación de su tiempo, indagará hasta dar con la expresión adecuada a su manera distinta de ver e interpretar la realidad" (*Confrontaciones* 18).

De hecho, lo que determina la originalidad de una obra narrativa, dice el autor granadino, no es la simple adopción de nuevas formas, éstas sólo deben servir las necesidades intrínsecas de expresión del autor (*Confrontaciones* 48). "[P]erseguir novedades formales por la novedad misma", dice Ayala al respecto,

> no es menos desesperado empeño [que buscar argumentos nuevos]. Las combinaciones posibles son limitadas, y están ensayadas en gran profusión desde antiguo. Argumento y forma han de ponerse en juego para la expresión más idónea a las intuiciones del poeta, y éstas serán originales si consiguen, mediante los recursos expresivos utilizados, manifestar la índole única de su visión del mundo [. . .]. (*Reflexiones* 57).

Por ello, el artista literario se distingue del que se esfuerza en los otros campos artísticos. Esta especie de dicotomía existente en la literatura imaginativa no se da en las demás artes, dice Ayala (*España* 81). La obra de creación literaria lleva implícita una "competencia" entre el elemento "intelectual", consistente en la percepción original del mundo, y el elemento "estético", consistente en las técnicas narrativas que el autor esté utilizando para proyectar su cosmovisión (*España* 81). A diferencia de las otras artes, los "materiales" utilizados en la literatura (las palabras) no pueden lograr esa "neutralidad relativa" de que gozan los materiales que sirven para otras formas de expresión estética, como la escultura o la pintura (*España* 81). Las palabras con que se hace la literatura van cargadas siempre de un elemento intelectual que no es posible eliminar de la obra narrativa (*España* 81).

Dicho elemento intelectual, "es perturbador", continúa Ayala,

> porque lo que pudiéramos llamar contenido racional de la literatura compite en su propio derecho con la forma artística, disputándole el interés de los lectores. Estos

reciben simultáneamente con la impresión estética un mensaje intelectual que no consiente el mismo grado de subordinación a que otros materiales se someten, pues su importancia para la calidad de la obra resulta decisiva. El mensaje podrá disimularse, adelgazarse deliberadamente y llegar a ser muy tenue; pero puede también alcanzar en cambio una intensidad enorme, acrecentada por las virtudes de la expresión poética. (*España* 81-82)

De allí, dice Ayala, surge la particular ambigüedad de la literatura y, por ende, su "irremediable impureza" (*Reflexiones* 8). Sin embargo, continúa Ayala, "el elemento intelectual [. . .] de que la obra literaria no puede prescindir en modo alguno, debe considerarse externo a sus intenciones artísticas" (*Reflexiones* 42). Por ello, lo que ha de procurarse en lugar de una "poesía pura", es más bien una subordinación de lo intelectual a lo estético, lo que Ayala llama "transubstanciación" (*Reflexiones* 42). El elemento intelectual, continúa el autor granadino, debe "quedar subordinado a las exigencias objetivas de esa estructura poética", y así, el "sentido declarativo o enunciativo" de ese elemento intelectual, "se habrá transmutado, adquiriendo la calidad de lo imaginario para contribuir al feliz resultado artístico de la obra" (*Reflexiones* 42).

Lo grotesco y la visión del mundo

La búsqueda de la expresión más idónea para expresar su visión del mundo ha llevado a Ayala a la utilización frecuente de elementos grotescos en su narrativa. Con característico desenfado, Ayala es el primero en reconocer su uso constante de los elementos de lo grotesco: "es muy cierto que, a ratos, mis invenciones imaginativas insisten con obstinación sobre el aspecto grotesco de la realidad, y emplean para representarla elementos escatológicos" (*Confrontaciones* 115). Sin embargo, aclara el autor, en sus escritos "nunca asume lo escatológico—o lo violento y crudo—una significación autónoma; o, dicho con otras palabras: que esos materiales 'desagradables' no son significativos por sí mismos" (*Confrontaciones* 120). No obstante, estos elementos han causado reacciones variadas entre algunos críticos que, como dice el propio autor, van desde la ira hasta la perplejidad (*Confrontaciones* 122-3). Asimismo, la visión del mundo ayaliana también ha sido motivo de alguna consideración por parte de los estudiosos de la narrativa ayaliana. Según Keith Ellis, la "muy peculiar" visión del mundo que Ayala proyecta se percibe a lo largo de toda su narrativa (*Arte* 231). Como se ha visto, según este crítico, la obra de Ayala tiende a presentar una visión quevedesca "de un mundo de perdurable corrupción", un mundo "desesperanzado" (*Arte* 157 y 232). Este mundo, concluye Ellis, exhibe constantemente las flaquezas humanas, mismas que son "blanco de la sátira ayaliana" (*Arte* 232). Andrés Amorós coincide con Ellis al examinar las narraciones de *Macacos*. En ellas, dice Amorós, Ayala presenta "una visión muy clara de las máscaras sociales, de los convencionalismos y, en definitiva, de la debilidad humana" (*Novela* 25).

Para Manuel Durán, la visión que proyecta Ayala en toda su obra es la de un mundo impulsado por la idea de un "eterno retorno" nietzchiano. Según Durán, Ayala proyecta "el mundo presente interpretado como repetición [. . .] de los errores de épocas pasadas" (446).

Galvarino Plaza, en su breve análisis del relato "El regreso", destaca los aspectos existenciales en la cosmovisión ayaliana. Dicho autor señala el mundo novelístico de Ayala, en el que "el hombre se construye y destruye rodeado de fantasmal agonía vital, abierta y sin fronteras: la soledad intransferible" (440). Según Marra López, esta visión agónica de Ayala se debe a las experiencias vividas por Ayala y sus co-exiliados, para quienes la "esperanza espiritual" se había derrumbado, "ante el espectáculo de la mayor carnicería acaecida en el universo" (70). Por ello, explica este crítico, no es de extrañarse que la visión de autores exiliados como Ayala tenga fuertes tonos unamunianos. "Su visión del mundo", dice Marra López, "se había hecho angustiosa, trágicamente desesperada" (70).

Eugenio de Nora agrupa a Ayala con lo que él llama "prosistas deshumanizados" (196), y coincide con la opinión anterior al examinar la colección de *Macacos*. A este respecto de Nora considera que lo que Ayala presenta en dichas narraciones es la visión del mundo "pesimista, despreciadora, amarga, del hombre de la postguerra" (252).

Opinión similar es la que expresa Rodríguez Alcalá, cuando dice que los relatos de *Macacos*, "reflejan una visión peyorativa, pesimista, del hombre y de la vida [. . .]. Los personajes de nuestro autor", continúa Rodríguez Alcalá, "desconocen la piedad, la benevolencia, la caridad" (79).

Uno de los críticos que más profundiza en la visión del mundo ayaliana es Estelle Irizarry. Esta autora dedica casi todo un capítulo de su libro sobre la teoría literaria de Ayala al estudio del mundo novelístico creado por este autor. Irizarry demuestra que, efectivamente Ayala despliega a lo largo de su novelística una visión existencial del ser humano y del mundo. Lo que sucede, explica la autora, es que se da una "confluencia de la obra discursiva de Francisco Ayala con la ficticia" (*Teoría* 7). Como se ha visto, Ayala considera su obra escrita como un todo dentro del que deben incluirse tanto sus obras ensayísticas como su obra imaginativa. Las narraciones de Ayala, continúa Irizarry, producen una "sensación de desamparo en un mundo caótico de estrago moral y crisis" (*Teoría* 9). Una de las características de la novelística ayaliana, por ejemplo, dice Irizarry, es "la radical soledad [de los personajes de Ayala] frente al mundo y frente a otras personas" (*Teoría* 63). Al igual que Unamuno, continúa Irizarry, "Ayala suprime casi por completo el elemento descriptivo en sus novelas, y así se acentúa la sensación de soledad de los personajes" (*Teoría* 64). Otro rasgo existencial señalado por Irizarry es la angustia. En efecto, como han observado algunos de los autores citados, por el mundo novelístico de Ayala deambulan personajes solitarios, desamparados y angustiados.

No obstante, y siguiendo en definitiva el cauce señalado por la ensayística y autocrítica del propio Ayala, la clave para entender la cosmovisión novelística ayaliana debe buscarse en

Cervantes. Como dice Irizarry, "Ayala ve en el conjunto de la novelística cervantina una búsqueda de respuestas para las cuestiones fundamentales de la existencia humana" (*Teoría* 121). Efectivamente, para Ayala, en manos de Cervantes, la novela sufre "una revolución decisiva" que a su vez provoca la evolución novelística que culmina con la novela moderna, misma que "trata de escrutar la vida misma en busca de su sentido arcano, e invita al lector [. . .] a participar en ese escrutinio" (Ayala, *Galdós* 121). De este escrutinio que hace Ayala de la vida a través de su novelística, surge otro aspecto cervantino determinante para la visión del mundo que pretende plasmar en su novelística: la comicidad. Este es el polo contrario de la angustia y la soledad existenciales. Así, el grotesco de Ayala oscila entre lo angustioso, lo desesperante y lo cómico/ridículo. Como explica Ayala:

> la vida humana está hecha de ensimismamiento, pero también de enajenación [. . .] se tiende entre lo trascendente y lo cotidiano; de modo que si la novela ha de interpretar su sentido tendrá que representarla atraída a la vez por ambos polos, el positivo y el negativo: tendrá que ser tragicomedia. (*Galdós* 159)

De aquí que el elemento grotesco, con su característica que Ruskin describió como una especie de oscilación entre lo terrible y lo lúdico, sirve de excelente conductor para la expresión de esta visión ayaliana del mundo y de la vida. Máxime que la comicidad de la narrativa de Ayala rebasa los límites de la simple sátira o crítica social. El humor ayaliano persigue la trascendencia que este autor halla en la comicidad del gran Manco de Lepanto, cuya creación quijotil dice Ayala, "va más allá del intento de procurar efectos cómicos, y también de la sátira trivial" (*Cervantes* 13). Cervantes, continúa Ayala, a través de su caballero de la triste figura, concretiza los ideales góticos de la Contrarreforma española en conflicto con el mundo nuevo del Renacimiento (*Cervantes* 24). De igual manera, Ayala procura captar la vida desde dentro: "tal como esta vida puede darse en las condiciones de nuestro tiempo" (Confrontaciones 124). En su comentario crítico sobre el artista cómico mexicano Cantinflas, Ayala expresa la relevancia que para él tiene el adecuado uso de lo cómico:

> Cantinflas se ha compuesto un tipo fijo, una caracterización externa que corresponde a la dirección artística de la farsa. De "farsa grotesca" está calificada en el subtítulo alguna producción de Cantinflas. Todos los elementos externos corresponden, en efecto, a la farsa, y lo sería si dentro de ese aparato no estuviera actuando un artista tan hondo y tan grande; si dentro de esa caracterización no estuviera palpitando la humanidad esencial, la individualidad intransferible. Y éste es el punto cardinal de la personalidad del artista, el toque de la gracia, que se intuye de inmediato, pero que sólo a través de las obras se acredita. Hace falta mucho brío, mucha conciencia y mucha abnegación, mucha genialidad, para extraer del grotesco el temblor vivo del arte eterno. (*Cine* 140-41)

Aunque no se sepa exactamente a lo que se pudiera haber referido Ayala al utilizar el vocablo "grotesco," se puede inferir que se refiere a lo feo, lo desagradable y quizás hasta lo escatológico. Pero lo que más interesa es que la anterior cita podría bien servir de paráfrasis para describir los esfuerzos de Ayala al utilizar la comicidad. Esta no debe simplemente descontarse sólo como sátira o farsa sino que, como explica Irizarry, el aspecto cómico de la novelística ayaliana pocas veces es gratuito, "más bien se aferra a los impulsos de su particular visión del mundo" (*Teoría* 172).

En concordancia con estas ideas, se halla el certero análisis que hace Ricardo Arias de la colección *El Jardín de las Delicias*, cuando compara la obra ayaliana con la obra pictórica de El Bosco. Arias considera que ambos artistas procuran reflejar el mundo de su actualidad: "entre ambos autores hay extraordinarias semejanzas en lo que se refiere al clima espiritual del momento histórico en que les tocó vivir, a su visión del mundo, y a los medios de que se valen para dar forma artística a esa visión" (416).

Los cuadros del Bosco, dice Arias, están poblados de "seres tullidos, deformes y monstruosos, en diversas proporciones de hombre y fiera y en relaciones grotescas entre sí" (417). Al igual que las figuras de Ayala, dice Arias, el espectáculo grotesco del Bosco, "puede provocar la carcajada" y, es muy probable que ése sea el efecto que Bosch deseaba porque, al igual que Ayala, "el humor es una de sus constantes" (417). Sin embargo, concluye este crítico, "el observador agudo advierte pronto un sentido trascendental que proviene, en último análisis, de la visión e intención del moralista" (417).

Todo esto lleva a concluir que las interpretaciones que perciben en el universo novelístico de Ayala simplemente un mundo crudo, áspero y cruel se quedan cortas y yerran al considerar pesimista a su autor. Aunque este tipo de apreciaciones pueden atribuirse en gran parte a la naturaleza misma de lo grotesco, que ejerce un efecto usurpador, por así decirlo, sobre la visión general que presenta la obra. Por ello, resulta común que las imágenes grotescas tiendan a desviar el enfoque del observador/lector, y producir interpretaciones que se basan primordialmente en la reacción inmediata pero duradera que producen los grotescos de Ayala. Mismos que, dada su intensidad, hacen que a veces el observador/lector pierda de vista el panorama general de la obra. Como explica Harpham, es típico de lo grotesco que tienda a abandonar su posición marginal y que acabe por invadir la materia principal que supuestamente sólo debe complementar (xxi). Paradójicamente, son los mismos grotescos de Ayala los que a menudo van a mantener la perspectiva idónea para captar el mensaje intelectual de la obra. Pues en estas ocasiones es lo grotesco lo que mantiene al lector con los pies bien plantados en la realidad narrativa ayaliana que, una vez complicado en ella el lector, se vuelve su misma realidad. En ella, Ayala está abordando grandes temas existenciales a su vez que los presenta en un contexto mundano, pedestre, prosaico, vulgar. Así, los grandes temas universales a veces son presentados por Ayala entre orines, heces y vomiteras, pues lo grotesco dice Bajtín, rebaja lo elevado, espiritual, ideal y abstracto al plano material y corporal (*Rabelais* 24). Asimismo, la moralización que Ayala presenta en sus relatos no debe verse como sátira que analiza e instruye, "no es nunca prédica," dice Ayala, "sino invitación a interiorizarse compartiendo el anonadamiento" (*Confrontaciones* 79). Lo que pretende Ayala al presentar su cosmovisión no es, "enseñar a los demás a vivir", sino más bien, siguiendo la tónica cervantina, "ayudarles a interpretar la vida" de acuerdo con la visión que tiene del mundo (*Confrontaciones* 78). Así, a través de lo grotesco, Ayala aborda estos temas de manera directa e involucrada, y presenta a sus feos personajes, como él mismo dice "desde dentro" (*Confrontaciones* 125). Cuando un autor hace esto, continúa Ayala,

> se complica él mismo y complica al lector en la existencia del personaje. Ya no podrán éstos sentirse ajenos a la suerte de aquéllos, superiores, sino que se sentirán hundidos en la común miseria.[. . .] Se ha suprimido toda distancia; y esta conciencia *inclusiva* solidariza al autor y al lector con los personajes ficticios. Al mirarlos, se miran a sí mismos como en un espejo y quedan petrificados. Pues lo que ven—en maneras diversas—es su propia destitución en un mundo cuyos valores se han hecho inciertos o se han disipado. He ahí lo insufrible. (*Confrontaciones* 125)

De esta manera, el mundo narrativo de Ayala es un espectáculo como el carnaval medieval analizado por Bajtín en el que no hay espectadores, sino que todos son participantes activos (*Rabelais* 12).

Como se ha visto, el estilo grotesco ayaliano ha acarreado comparaciones con las producciones de Quevedo y Valle Inclán, por ejemplo pero, según el autor, su arte grotesco difiere de manera fundamental. Más bien, dice Ayala, debe uno fijarse no tanto en los elementos escatológicos propiamente dichos, sino procurar saber si estilización tal (o llamémosla deformación si se prefiere) está llevada tan a ultranza que elimina la referencia a lo humano concreto, o bien se mantiene dentro de unos límites de elasticidad capaces de conservar en modo significativo esa diferencia. De no ser así, confieso que consideraría frustrados mis propósitos artísticos; [. . .]. (*Confrontaciones* 115-116)

Según Ayala, ni Quevedo, ni otros autores con los que se le ha comparado (Valle y Miguel Angel Asturias, por ejemplo), se preocupan por representar a lo que Ayala llama "el hombre concreto" (*Confrontaciones* 115). Para Ayala, lo que más importa no es tanto saber si un autor utiliza o no elementos grotescos a mayor o menor grado; lo esencial estriba en entender si la "deformación" grotesca llega a tal extremo que "elimina la referencia a lo humano concreto" (*Confrontaciones* 116). La fuente técnica de su grotesco, dice Ayala, hay que buscarla (al igual que la visión del mundo que proyecta) en la obra de Cervantes (*Confrontaciones* 114). Al igual que Quevedo y Mateo Alemán, Cervantes utiliza elementos escatológicos y violentos, pero la intención al utilizar elementos semejantes varía de autor a autor:

Mateo Alemán simboliza en la sociedad la condición pecaminosa del hombre en este mundo, por contraste con su aspiración a la otra vida; Quevedo la acumula infatigablemente como un recurso entre otros en su afán de derogar la realidad—sin perjuicio de que, desde el plano ideológico, esa destitución de la realidad mundanal quiera ponerse al servicio de la salvación eterna. Por su parte, Cervantes se propone salvar al hombre en su actualidad y en su integridad, al hombre en el mundo. (*Confrontaciones* 116-117)

Lo anterior vale la pena mencionarlo porque constituye una característica típica del grotesco ayaliano, a saber: personajes que a pesar de una degradación extrema no pierden su humanidad. En este mismo sentido, cabe mencionar que las figuras fársicas o deleznables que aparecen en las creaciones imaginarias de Ayala no pierden nunca verosimilitud, nunca pierden esa "referencia a lo humano concreto" que procura siempre el autor. Además, por más vileza que pueda concebirse por parte de sus personajes, no llegan a ser entes puramente malvados. Característica también típica de los personajes ayalianos, es decir, son viles y reprobables, pero no carecen de cierta humanidad. Nuevamente el comentario del autor al respecto: "[l]o que mis personajes revelan, lo que yo hubiera querido al menos que reflejaran, no es una maldad especial, que no la hay en ellos [. . .]" *Confrontaciones* 125). Esta característica de los personajes grotescos ayalianos da entrada a su vez a lo que resulta un tema reiterativo de la narrativa de Ayala: la redención. Al no perder por completo su humanidad, los protagonistas ayalianos, a pesar de su vileza, ofrecen la posibilidad de ser redimidos. Así, dice Ayala, lo que él procura también al utilizar elementos como la escatología y la degradación, es hallar "la expresión adecuada para transmitir, por vía estética, la intuición de la realidad según me es dado alcanzarla desde mi personal perspectiva" (*Confrontaciones* 120). Como explica Ayala,: "ni las situaciones ni los personajes que yo presento son excesivamente abominables [. . .]. Yo acepto como verdad básica el mito del pecado original, la naturaleza corrompida del hombre; pero—cuidado—también admito, y reflejo en mis escritos, la redención" (*Confrontaciones* 98).

La idea de redención evoca además la concepción del grotesco medieval y rabelesiano que Bajtín expone en su estudio sobre Rabelais. Según explica Bajtín, conforme a la cosmovisión medieval, la degradación no tiene "exclusivamente un valor negativo sino también positivo y regenerador" (25). Por ello, los grotescos ayalianos llevan implícito un *caveat lector*, que advierte apreciarlos con detenimiento, procurando entender su sentido y función dentro de la visión global que presenta la obra.

CAPÍTULO II

HISTORIA DE MACACOS

Nota preliminar

Como se ha visto, según reconoce la crítica, la publicación de la colección *Historia de Macacos* en 1955,[32] marca un momento en la trayectoria narrativa de Ayala en que el autor recurre con mayor fuerza a ingredientes grotescos como el humor tragicómico y la degradación. Sin embargo, como dice Carolyn Richmond, las narraciones de dicha colección no han recibido mucha atención por parte de la crítica (9). Richmond especula que su naturaleza chocante es una de las posibles razones por las que no se han estudiado lo suficiente (16). Según señala Richmond, "cada relato de [la colección] *Historia de Macacos* se acerca de un modo diferente al problema universal del sentido de la vida humana" (17). Así, se produce lo que Bajtín considera el efecto primordial de la degradación grotesca, o sea, "la transferencia al plano material y corporal de lo elevado, espiritual, ideal y abstracto" (24).

"Historia de Macacos"[33]

Los dos principales elementos de lo grotesco en el universo novelístico de esta pequeña narración que se estudian aquí son: la degradación, y la ambigüedad. Lo grotesco en "Macacos" degrada ya no sólo a los personajes, sino al relato mismo. Según se verá, "Macacos" se acerca a temas universales y especulaciones abstractas entre imágenes escatológicas, burlescas y trágico cómicas. Además, la narración toda queda devaluada por la manera en que nos es presentada, a saber: la relación de hechos corre por cuenta de un narrador homodiegético poco fiable que basa su historia en fuentes incompletas o meramente insinuadas. Surgen así, como señala Richmond, "múltiples posibilidades de interpretación que crean una sensación de ambigua inestabilidad" (26). Dicha ambigüedad parte de los personajes mismos, se acentúa a través del *locus* narrativo, y acaba por afectar el relato entero.

Como se ha dicho, Ayala presenta su visión en este relato de maera fársica y burlona. Además, utiliza la técnica del narrador en primera persona, misma que traza una línea directa hacia dos tradiciones literarias que a menudo utilizan lo grotesco: la sátira y la picaresca.

Esta peculiar narración es crónica ficticia sobre los supuestos aconteceres de una imaginaria colonia europea en Africa. La acción principal se desprende de sendos banquetes, bastante diferentes entre sí pero con elementos grotescos en común.

En el primer banquete, J.M. Robert, director de Expediciones y Embarques se ofrece a sí mismo y a su esposa un banquete de despedida de la colonia. En virtud de que su esposa, Rosa, ha estado dispensando favores íntimos a todos y cada uno de los comensales, el banquete se desarrolla en un ambiente de mofa en derredor del supuesto marido burlado. Sin embargo, al finalizar la comida, en su brindis de agradecimiento, Robert revela que ni es marido, ni ha sido burlado. En realidad Rosa y él son socios quienes se han venido aprovechando de los demás, principalmente porque, al tocar el turno a cada uno con Rosa, los colonos se han mostrado magnánimos, agasajándola con joyas y haciéndole dádivas pecuniarias. Así, entre la estupefacción, vergüenza e indignación de sus convidados, Robert y su socia zarpan rumbo a Europa dejando detrás a sus víctimas.

El segundo banquete se produce con posterioridad y se deriva de una apuesta entre dos de los burlados respecto de si uno de ellos sería o no capaz de devorarse un chango asado, a la usanza de los nativos de la isla. Toda la colonia se une a la especulación produciéndose enorme bolsa de cotizaciones aleatorias. Llegado el día del banquete solitario, se reúnen todos en la cantina para presenciar la supuesta consumación del acto pseudo-antropofágico. Sin embargo, al momento culminante de este banquete macabro, el cantinero desaparece por unos momentos con el chango al horno para regresar al poco rato con el platillo supuestamente trinchado, pero irreconocible. Como explica el narrador, esto da lugar a sospechas que sin embargo no se logran expresar antes de que el certamen haya sido concluido en favor del supuesto comensal.

Al poco tiempo se descubre el verdadero propósito de este segundo burlador cuando éste utiliza sus ganancias para salir en pos de Rosa y de su socio. La historia termina al regresar este burlador con la noticia de que Rosa y Robert han contraído matrimonio ex post facto habiendo así saldado la deuda de honor que se tenía con todos los colonos, pues Robert es ahora, cornudo hecho y derecho.

Ayala presenta su visión en este pequeño relato de una manera fársica y burlona. Además, utiliza la técnica del narrador en primera persona, misma que traza una línea directa hacia dos tradiciones literarias que a menudo utilizan lo grotesco: la sátira y la picaresca.[34] Al igual que los pícaros, el narrador de "Macacos" es narrador y protagonista. "En la picaresca", dice Francisco Carrillo, "los pícaros son narradores y protagonistas al mismo tiempo, siendo sus propias fuentes de información" (83). Asimismo, como explica Keith Ellis, el narrador en primera persona es recurso importantísimo, ya que permite a Ayala invadir los dominios del narrador, socavando su autoridad y produciendo así, lo que Ellis llama "la sátira más aguda"

(131-133). En el caso de "Macacos", el narrador ejerce diversas funciones determinantes; pero la función del narrador que más atención merece en este estudio es la que ejerce como punto de referencia para la degradación y la ambigüedad del relato. Como se aprecia del siguiente exordio, el narrador establece desde un principio el tono fársico, burlón y degradante que habrá de perdurar durante el relato entero:

> Si yo, en vista de que para nada mejor sirvo, me decidiera por fin a pechar con tan inútil carga, y emprendiera la tarea de cantar los fastos de nuestra colonia--revistiéndolos acaso con el purpúreo ropaje de un poema heroico-grotesco en octavas reales, según lo he pensado alguna vez en horas de humor negro--, tendría que destacar aquel banquete entre los más señalados acontecimientos de nuestra vida pública. (87) [35]

A través de su preámbulo burlón, el narrador inicia una ruta descendente que comienza en su misma persona ("para nada mejor sirvo"), y que afecta toda la narración ("inútil carga").

Destaca además este exordio porque su estilo continúa la evocación de la tradición satírica que, como dice Highet, hace uso frecuente de la parodia (13-14). Asimismo, acerca a "Macacos" a la tradición de las epopeyas paródicas de la Edad Media que, según Bajtín, estaban estrechamente ligadas a la visión grotesca del mundo medieval (19-20). Vocablos como "pechar", "cantar" y "fastos", por ejemplo, todos se relacionan sarcásticamente con la idea de una grandiosa cronología y le dan al exordio un matiz satírico de parodia épica.[36]

A mayor abundamiento, el peculiar estilo del exordio hace eco de los exordios y prólogos de obras medievales y renacentistas que, por lo general, cuentan con un fuerte ingrediente grotesco. Puede observarse, por ejemplo, como la falsa *humilitas* de "Macacos" guarda cierto parecido con algunos de los prólogos más conocidos del Medioevo y del Renacimiento en los que abunda lo grotesco. Chaucer, por ejemplo, en el prólogo a sus *Cuentos de Canterbury*, excusa su falta de ingenio: "my wits are none too sharp, you must believe" (82). Asimismo, el autor de la *Celestina*, se queja de su "pobre saber" (47) y Juan Ruiz lamenta su "poquilla çiençia e gran rudeza" (9). Desde luego, se tiene el prólogo al *Quijote*, en el que Cervantes advierte: "¿qué podrá engendrar el estéril y mal cultivado ingenio mío [. . .]?" (19).

Este ánimo de humildad y modestia, sin embargo, no se limita simplemente al exordio, sino que lo procura el narrador a lo largo del relato con aclaraciones a veces expresas, a veces tácitas. Así, por ejemplo, a unos cuantos párrafos del exordio transcrito, el narrador advierte que su cargo en la compañía es "más bien modesto" (90). Más adelante, aclara que su oficina se halla en los "bajos" del Palacio de Gobierno (102) y que su empleo, "no es de los que permiten granjearse demasiados ingresos extra" (que además bien se puede entender como que su puesto, a diferencia de otros no da lugar a posibilidades de soborno) (106). No obstante, conforme avanza la narración, las protestas de modestia o baja condición pierden poco a poco su tono humilde y adquieren un "sentido" más bien degradante que, como demuestra Thomas Mermall, tiende a ser característico de los narradores ayalianos (5).

Dos ejemplos de la auto-degradación del narrador sobresalen. El uno por su sutileza y el otro por su sentido fársico y mordaz. El primer caso se desprende de un sueño del narrador en el que rememora el banquete de despedida así:

> Discurría la comida, y [. . .] de pronto, el inspector general, Abarca, sentado en sueños al lado mío —aunque la realidad nos asignara puestos algo distantes en la mesa; pero en sueños estaba a mi lado—, se me inclina al oído y, muy familiarmente, me susurra: 'Mire, compadre, qué ajada se ve Rosa'. (101)

Según se puede observar, el narrador procura llamar la atención sobre el lugar diferente que ocupa en la mesa imaginaria frente al que ocupara en la realidad. A este respecto, Ellis considera que no da el narrador explicación suficiente sobre esta insistencia. Ellis dice que el narrador, "[s]ubraya de modo especial el diferente puesto que ocupaba en el sueño. No obstante, después de esa marcada insistencia, no vuelve a mencionar dicho detalle cuando de interpretar el sueño se trata" (137). Sin embargo, el examen contextual de este episodio no sólo explica dicha insistencia, sino que revela su función primordial: la de degradar al narrador. Es decir, para captar el impacto íntegro del banquete onírico, es necesario contrastarlo ya no sólo con el banquete real, sino con el cuadro que el narrador pinta de sí mismo y de la colonia entera. Destaca sobre todo, el contraste que surge entre el narrador y el inspector general, Ruiz Abarca. Dentro del contexto de la narración, Abarca es uno de los "jerarcas" de la colonia y actor principal del drama colonial. Por ello, resulta inaudito que el narrador se halle junto a él en la mesa y que además sea sujeto de alguna de sus confidencias. Vista así, la insistencia sobre su lugar en el banquete imaginario sirve para reiterar la baja condición del narrador en la compañía colonial y su poca relevancia en el actuar de los colonos.

El segundo ejemplo resulta mucho más directo y vulgar y, a su vez, más cómico y burlón. Sucede cuando al narrador le toca recibir los favores sexuales de Rosa:

> [e]s el caso que, por fin, me llegó a mí también el turno, y tuve que entrar en la danza, y hacer mi pirueta. Me había llegado el turno, sí; a mí me tocaba. [. . .] ella protocolarmente había iniciado el baile con la primera autoridad de la colonia [. . .], y así había continuado escalafón abajo, con un orden tan escrupuloso que, de una vez para otra, todo el mundo esperaba ya la peripecia inmediata, señalándose con el dedo al presunto favorito del siguiente día. Tanta era su minuciosidad en este punto, y tan exquisito su tino como si obrara asesorada por el jefe de Personal de la compañía. [. . .] lo importante es que había sonado por fin mi hora [. . .]. (109-110)

En este episodio, la degradación del narrador resulta duplicada. Por un lado, hace ver muy claramente que la sociedad colonial tiene jerarquías, y que él se halla en lugar no muy prominente. Por el otro, sirve para desmentir al narrador y desacreditarlo frente a su auditorio. A pesar de que, como se verá más adelante, el narrador trata continuamente de distanciarse de las actividades soeces de la colonia, el episodio revela el grado al que el narrador se halla metido en el fango colonial. El narrador, pues, sirve de pábulo para la degradación de toda la colonia; y una de las técnicas más obvias de aquél para la degradación ajena es la deshumanización mediante la metáfora animal. A través de referencias bestiales, el narrador procura rebajar sobre todo a los colonos que más desprecia. Así, por ejemplo, Toñito Azucena se comporta "como perro fiel" del Gobernador de la isla (108), y queda reducido a símil de "sapo" cuando Robert lo ojea desdeñosamente (89). Las pocas esposas que se hallan en la colonia (en la que, según el narrador, predominan los "hombres solos"[90]), parecen "gallinas engreídas" (91). Smith Matías tiene ojos "bovinos" (104)y, Ruiz Abarca, quien recibe el mayor desprecio por parte del narrador, tiende a ser descrito con apelativos como "bestial", "salvaje", "bárbaro".

Obviamente la metáfora animal más expresa surge del mismo título de la obra. Como explica Ellis, "[en "Macacos", la palabra] 'macacos' es un nombre común usado metafóricamente. El cuento se refiere al degenerado nivel de la condición humana. Sus personajes se nos presentan casi como infrahumanos" (131). Combinado pues, el título de la obra con el quehacer de los colonos se produce un símil animalesco algo cómico y degradante[37]. Pero este rebajamiento a lo bestial tiene elementos menos obvios y más siniestros que vale la pena examinar con detenimiento.

A través de referencias ambientales a lo largo del relato se establece un paralelismo entre el actuar animalesco de los colonos y el ambiente selvático y salvaje que los rodea. Esto se aprecia sobre todo con respecto a la acción de los dos banquetes. Las revelaciones de Robert en la cena primera, por ejemplo, se desarrollan en un trasfondo selvático, entre "el seguido croar de las ranas y, de vez en cuando, el chillido de algún simio" (94). Por su parte, las reacciones que dichas revelaciones producen entre los comensales hacen eco del trasfondo tropical-selvático: "hubo rumores, alguna risa; y el irritado susurro que se oía en varios lugares de la mesa estaba a punto de eleverase hasta rumor y clamor" (96). Una vez revelado el engaño, los convidados quedan "desconcertados, divididos en grupitos (98). Al día siguiente continúa el anonadamiento (y la referencia animal) encontrándose todos, "medio huidos, rabo entre piernas" (99). De esta manera, se hace fácil la asociación entre el trasfondo bestial, y los humanos que, como dice Estelle Irizarry, actúan como changos (*Ayala* 68).

En este mismo sentido, Keith Ellis opina que el segundo banquete y, de manera particular, las apuestas que de él se derivan, manifiestan la "condición simiesca de los colonos" (143). Así, por ejemplo, habiéndose comenzado las apuestas respecto a la comida del mico, los colonos reflejan actitudes simiescas que el narrador describe así: "se formaron partidos, claro está, y tampoco faltaron discusiones, broncas, bofetadas" (121).

El paralelismo animal se perpetúa conforme avanza la narración hacia el segundo banquete y, al llegar a éste, adquiere tonos más siniestros. Esto sucede al surgir la idea de la antropofagia presentada como preámbulo al segundo banquete. "Los sabedores afirman," dice el narrador, refiriéndose a la costumbre indígena de sacrificar y asar un mono, "que eso es un vestigio de antropofagia, y que estos pobres negros devoraban carne humana antes de fundarse la colonia" (118). Más adelante, Ruiz Abarca, quien habrá de comerse al chango, hace la siguiente observación: "[l]o que pasa es que a todos nos gustaría probar la carne humana"(120). Dado el actuar simiesco de los colonos, el banquete del chango funciona como métafora de la depredación burlesca que ejercen unos sobre otros en la isla.[38]

Las anteriores son algunas razones por las que el banquete destaca de entre los recursos utilizados en "Macacos" para establecer el ambiente degradado. El motivo del banquete destaca también por establecer un linaje literario que une la pequeña histioria de "Macacos" con obras como las de Petronio, Rabelais, Rojas (*Celestina*), Quevedo y Cervantes, entre otros. Como es sabido, desde la antigüedad los banquetes han servido como escenario de lo grotesco. Banquetes como los de Trimalco, Gargantúa o Sancho Panza, por ejemplo, cuentan todos con fuerte elemento grotesco. [39]

A primera vista, los dos banquetes de Macacos son bastante diferentes entre sí. El primero, por ejemplo, cuenta con muchos comensales, pero no hace referencia propiamente a la comida. En cambio en el segundo, la comida juega un papel muy relevante, pero sólo cuenta con un comensal, es un banquete individual aunque, en cierta manera todos son partícipes. Además, en aparente diferencia del primero, el banquete segundo sí presenta lo gastronómico como principal foco de atención; sin embargo, como se verá en seguida, ambos banquetes tienen bastante en común.

En primer lugar, la acción de ambos banquetes gira en torno al engaño y a la burla. En ambos banquetes las cosas ni son lo que parecen, ni parecen lo que son. En el primero, los aparentes cónyuges son más bien socios, los aparentes burladores son más bien burlados y, el aparente burlado es más bien el principal burlador. En el segundo, la comida del chango asado queda sujeta a duda sobre su verdadera consumación y, la apuesta que la originó fue más bien una treta del segundo burlador para conseguir dinero e ir en pos de los burladores primeros.

En segundo lugar, ambos banquetes tienen un alto sentido metafórico que degrada a los partícipes y contribuye a la visión del mundo de "Macacos". En el primer banquete, como se ha dicho, la comida propiamente no juega papel relevante, más bien lo que ocupa la atención de los comensales es la partida de Rosa, pues, empezando por el Gobernador de la isla, prácticamente[40] todos los convidados al banquete lo han sido también de los favores sexuales de Rosa. Dados estos "antecedentes del caso" como dice el narrador (88), la comida conviértese así en metáfora del convite que se han venido dando los comensales con Rosa. Es decir, en este mismo orden de ideas, Rosa ha sido el verdadero "manjar" metafórico, creando una imagen degradada de todos los partícipes.

En aparente diferencia del primero, el banquete segundo sí presenta lo gastronómico como principal foco de atención. Sin embargo, según se ha visto, la extraña comida (el mono asado) ejerce una función metafórica que degrada a los colonos y que también proyecta esa imagen degradada y depredadora del mundo de "Macacos".

A través de la interpretación anterior, surge de nueva cuenta una evocación del grotesco medieval. Como demuestra Bajtín, las imágenes del banquete medieval mantienen una relación metafórica con las del cuerpo humano y el acto reproductivo conducente (dicha relación) a la fijación y el entendimiento de la cosmovisión medieval (251). Sin pretender hallar en los banquetes de Macacos la profundidad cósmica que Bajtín atribuye a los banquetes rabelesianos, no cabe duda de que el primer banquete de "Macacos" tiene un alto contenido metafórico-sexual que contribuye a la visión degradada del mundo que Ayala presenta en esta obrita.[41]

Como se mencionó en un principio, esta degradación a ultranza no sólo rebaja a los protagonistas sino también a la narración misma. No obstante, en el caso de ésta, la degradación se deriva a su vez del ingrediente grotesco de la ambigüedad que, según se verá, también afecta varios aspectos del relato.

Al igual que en el caso de la degradación, el narrador es el punto de referencia para la ambigüedad del relato. Como explica Richmond, "ante todo está el narrador nada fiable que, hablando en primera persona, se introduce subrepticiamente en la imaginación del lector" (23). En términos generales, la ambigüedad de la obra se produce por conducto de una serie de detalles que varían en significación pero que, en conjunto, forman un escenario penumbroso que, junto con la degradación, sirve para fijar la visión de la obra entera.

La ambigüedad, cual su misma naturaleza, se va fijando de una manera mucho más insinuada y menos obvia que el aspecto degradante. Es más, hay factores que contribuyen a la ambigüedad narrativa que resultan inocuos si se observan por sí mismos pero que, vistos en el contexto global de la obra, adquieren cierta significación. El primero de estos que merece atención es el de los nombres de los personajes. Empezando nuevamente por el narrador, la nomenclatura de los colonos es, por lo general ambigua o desconocida. A este respecto, varios de los personajes del relato comparten parcialmente esta característica. Es decir, de algunos se llega a conocer el apellido (J.M. Robert; Ruiz Abarca; Smith Matías); de otros se llega a saber sólo el nombre de pila (Mario; Martín y, durante casi todo el relato, Rosa); y de sólo tres se llega a saber lo que podría bien ser su nombre y apellido: Toño Azucena; Bruno Salvador y, hacia el final, el muy alusivo apellido de Rosa: Garner.[42]

Dentro del contexto total de la obra, el detalle de los nombres adquiere cierta relevancia cuando se examina en conjunción con otros ingredientes de la narración como por ejemplo, el de la nacionalidad de la colonia. A primera impresión pareciera que se trata de una colonia hispana.[43] Por un lado, la mayoría de los nombres tienen cierta resonancia de hispanidad: Ruiz Abarca, Bruno Salvador, Toñito Azucena, etc. Por el otro, sin embargo, en la nomenclatura colonial aparecen intercalados algunos nombres que acarrean consigo cierta aura inglesa: "Smith" Matías, J.M. "Robert" y, desde luego, Rosa "Garner" (en este sentido, resulta interesante que los "burladores" tienen patronímicos ingleses). Asimismo, se aprecian ciertos detalles que parecen poner en duda la nacionalidad de la colonia. Se advierte, por ejemplo, que el único barco que parece zarpar de la colonia es el *Victoria II*, posible referencia oblicua a la monarca inglesa que dio su nombre a toda una era de dominio y esplendor britátnico. Asimismo, cabe recordar que que el "Victory" era el nombre del buque de guerra del conocido almirante inglés Nelson, victimario de la flota aliada franco-hispana en la Batalla de Trafalgar. [44] Aunado a los anteriores detalles, se halla el hecho de que, cuando parten Robert y Rosa (92 y 131), uno de los posibles destinos que menciona el narrador especulativamente es una ciudad inglesa: "¿Desembarcarían en Lisboa, o seguirían hasta Southampton?" (109). Finalmente, cabe mencionar algunos pequeñísimos ingredientes que resultan simbólicos dentro del contexto mencionado. Los colonos se reúnen en el "Country Club" (111); Rosa invita a tomar "té" (111); y Abarca bebe "*whiskey*" [subrayado original](124). En virtud de este tipo de detalles, no se puede dar por descontado que la colonia sea en efecto una colonia hispana.

En este contexto vale la pena mencionar un incidente en la narración que, además de reiterar su ambigüedad, se presta a otras especulaciones con respecto al narrador. Al estar solo el narrador con Rosa sucede un episodio por demás extraño que, dada su vaguedad, vale la pena reproducir a continuación.

> Le tendí la mano, y me tomó ambas, participándome que mi llegada era oportuna en grado sumo; pues la encontraba en un día de, 'no *spleen*, pobre de mí --regateó--, soy demasiado vulgar para eso', pero en un día negro, y ya no aguantaba más la soledad: hubiera querido ponerse a dar gritos [. . .]. Paso aquí por persona leída; era una coquetería confesárseme vulgar, a la vez que confiaba a *Spleen*, la infeliz, el cuidado de desmentirla [subrayado original].(111)

Sin duda, Rosa está utilizando la expresión baudelairiana para referirse a la melancolía y, sobre todo, al tedio que persiste en toda la colonia que, conforme se ve más adelante, está relacionado con el tema del limbo existencial. Asimismo, la segunda vez que se utiliza la palabra en este pasaje, parece referirse al mismo narrador, como especie de apodo o quizá precisamente sea su patronímico. De ser así, ésta sería la única referencia al nombre del narrador, colocándolo entre los de patronímico inglés. En virtud de que nunca se llega a aclarar, se presta a mayor especulación y ambigüedad respecto de este narrador.

Un efecto interesante de la ambigüedad es la manera en la que sirve a Ayala para insinuar un tema de alcance metafísico: la elusividad o inexistencia de la verdad. A través de la ambigüedad, Ayala logra socavar la legitimidad ya no sólo del narrador sino de la narración en sí. En virtud de que la ambigüedad impregna la información que comunica el narrador, su crónica queda devaluada por incierta o, cuando menos, por dudosa.[45] Se rumora, por ejemplo, que Toño Azucena, el amanerado locutor de la colonia, bien puede ser hijo ilegítimo del gobernador, esto, dice el narrador, "según afirmaban, atando cabos los muy avisados" (108). Asimismo, cuando se desata el frenesí de apuestas sobre Abarca y su degustación del chango, se rumora que el gobernador no quiso ponerle fin a la escandalosa especulación dado que él mismo era partícipe (108). Un ejemplo más que destaca de manera particular, es el referente a la supuesta costumbre de los nativos de comer chango asado, que según algunos representa un vestigio de antropofagia (118). Todo ello se funda en leyendas y creencias sobre banquetes que, como el mismo narrador admite, "a decir verdad, nadie había presenciado, pero de los que volvía a hablarse cada año [. . .] con aportación de testimonios indirectos [. . .]" (119). En otras palabras, gran parte de la información que tienen los colonos, sin excluir al narrador, se basa en rumores, susurros, chismes.

En este mismo sentido, la duda invade los sucesos más importantes de la narración. Por ejemplo, como bien plantea Martínez Herrarte con apropiado humor: "el matrimonio [entre Robert y Rosa] es pretendido, el engaño al marido engañado resulta ser engañando a los engañadores por el supuesto engañado y así el tal engaño lo es a la inversa" (4). Y más adelante, respecto al casamiento ulterior de Robert y Rosa, dice: "la fina ironía de Ayala envuelve las razones de esta boda en un halo de ambigüedad: no sabemos si el ex-amante se convierte en marido por amor o por conveniencia" (4). Este tipo de cuestionamientos yacen en el trasfondo de la historia propiamente dicha, devaluando la credibilidad del narrador y a la misma narración. Es decir, al no poderse estar seguro de muchos de los hechos que relata el narrador, el relato queda a su vez rebajado a mera murmuración, a mero susurro. Por ello, como dice Martínez Herrarte, "hasta los lectores resultamos medio engañados" (4).

Como se ha visto, el ambiente de ambigüedad que permea la obra tiene un efecto degradador sobre la misma. Cobran así mayor significado las palabras iniciales del narrador al llamar a su relato "inútil carga". Pero la ambigüedad ejerce otro efecto importante que guarda estrecha relación con la imagen del mundo planteada en "Macacos". Esto se observa al examinar los detalles ambiguos de la narración a la luz de un factor más: el trasfondo selvático-tropical.

En efecto, la combinación de detalles como la incompleta identidad de los personajes y de la colonia o la incertidumbre de los hechos cobra mayor significación al observarse a través del escenario selvático-tropical que surge una y otra vez durante la obra entera. El *leitmotif* de la selva subraya un sentimiento de abandono y deterioro que manifiestan constantemente los colonos. "[E]ra dicho corriente en la colonia", dice el narrador "que el trópico desgasta a hombres y mujeres, los tritura, los quiebra, muele y consume [. . .]" (102).[46] Luego, en una especie de justificación del comportamiento colonial describe así el ambiente tropical: "la vacuidad de nuestra vida aquí, los efectos de la atmósfera pesada, caliginosa y consuntiva del trópico" (117). Surge así también el sub-tema del destierro o el exilio. "La mayor parte de los funcionarios", dice el narrador, "resignados por necesidad extrema a este exilio en el Africa tropical" (90). Y más adelante, refiriéndose a las pocas esposas que se hallan en la colonia las llama "reinas en el destierro" (91). Asimismo, Robert reitera así este mismo sentir en su notorio brindis de despedida:

> Circunstancias azarosas de mi pasado me habían empujado a este <u>exilio</u> [. . .] todos nosotros, sin excluir al propio señor gobernador [. . .] afrontamos <u>la expatriación</u>, las fiebres, las lluvias torrenciales, la aprensión de los indígenas, el castigo del sol, la mosca tse-tsé, en fin, cuanto a diario constituye motivo de nuestras quejas, y, sobre todo, <u>este implacable deterioro del que nunca nos quejamos para no pensar en él</u>.(94)

Estas citas dan mayor significación a las frecuentes referencias al limbo y a la penumbra que aparecen a lo largo del relato. Vistos desde esta perspectiva, factores como la falta de plena identidad de los personajes y de la colonia, y el trasfondo selvático-tropical se combinan para subrayar de manera implacable esa imagen de limbo o purgatorio existencial.[47]

La angustia existencial de "Macacos" trae a colación un aspecto determinante para captar la cosmovisión que Ayala proyecta en esta obrita: la fundamental humanidad de sus personajes. Como señala Vázquez Medel, la lectura de obras como "Macacos", introducen al lector "en el aprecio de diversas técnicas de humor, ironía, incluso sarcasmo, al servicio de lo humano" (116). "[I]ncluso la lectura del Ayala más amargo", continúa Vázquez Medel, "nos enseña que siempre, tras cada situación, hay seres humanos de carne y hueso [. . .]" (116). En efecto, a pesar de lo ambiguo y degradado de sus personajes, Ayala nunca permite que éstos pierdan su sentido humano.[48] Es inevitable percibir en ellos lo que Ellis llama "el tema informativo" de la narración, o sea, "el alcance universal de la fragilidad humana" (130). Particularmente en el contexto de purgatorio que se acaba de examinar, los personajes mantienen su patética humanidad, pero ésta se percibe sobre todo partiendo otra vez del narrador. De manera particular, surge la humanidad del narrador si se contrasta con quien resulta ser su oculto némesis: el director general de Administración, Ruiz Abarca.

Ambos quedan desenmascarados de manera interesante frente al lector a través de sutilezas de la narración que, a pesar de todo, difícilmente pasan desapercibidas. El narrador se oculta bajo la máscara de la objetividad, en tanto que la bestialidad de Abarca sirve para opacar su humana fragilidad. En cuanto a la supuesta objetividad del narrador, ésta se desmorona muy temprano en la narración. El narrador procura con sus comentarios establecer desde un principio la distancia entre él y la bajeza de algunos de los sucesos que relata. A través de los apartes que a la postre resultan reveladores, el narrador se esfuerza por enfatizar su papel de marginalidad con respceto a la acción. "En cuanto a mí", dice al describir la burla de la cual Robert estaba siendo sujeto, "[. . .] que asistía a todo con ánimo neutral [. . .]" (89). Más adelante, vuelve a su epíteto de neutralidad al reflejar sobre la posible sospecha por parte de Robert: "quizás eran sólo mis aprensiones de observador neutral" (89). Luego, ya iniciado el banquete, el narrador explica, "[c]ómodo en esa mi actitud de espectador, me instalé en una esquina de la mesa [. . .] muy dispuesto, eso sí, a presenciarlo todo desde la penumbra" (90).

Sin embargo, las postulaciones de supuesta objetividad o "neutralidad" del narrador se bifurcan hacia sendos extremos de ironía, pero por causas distintas. El primer aspecto irónico resulta de la falsa "neutralidad" del narrador. Como señala Ellis, conforme avanza la lectura, "es fácil ver que [el narrador] estaba mucho más envuelto en ello [el drama colonial] de lo que quiere admitir" (136). "Con esta clase de ironía," continúa Ellis, "desvirtúa Ayala la objetividad aparente del informe que nos da el narrador" (138).

El segundo aspecto de ironía es mucho más sarcástico y devastador. Curiosamente, se deriva de la autenticidad de las mismas postulaciones de "neutralidad" que hace el narrador. En efecto, el apelativo adquiere un tono cínico y sarcástico cuando el narrador revela su impotencia sexual. Misma de la que se derivan todas las miserias de su vida. Como se aprecia de los siguientes extractos, el tema de la burla aparece nuevamente, aunque aquí adquiere por primera vez un matiz menos sarcástico y más digno de compasión:

> Le conté [a Rosa] todas mis tristes, mis grotescas peripecias conyugales, me desahogué. Nunca antes me había confiado a nadie, ni creo volver a hacerlo en el futuro. Aquello fue una confesión en toda regla, una confesión general, desde el noviazgo y boda (aún me da rabia recordar las bromas socarronas de mis comprovincianos sobre el braguetazo –sí, 'braguetazo', ¡qué ironía!-) hasta que, corrido y rechiflado, me acogí por fin al <u>exilio</u> de este empleo que, para mayor ignominia, me consiguiera el fantasmón de mi suegro.(114)

Como observa Richmond, esta escena aporta humanidad tanto al narrador como a Rosa (27-28). Asimismo, aparte de la renovada referencia al exilio, este pasaje es el más revelador en lo que al narrador respecta. Aquí cobran significado alusiones suyas hechas al principio de la narración respecto a su experiencia sobre la burla de un marido (89). Aquí también surge, como se ha dicho, una justificación patético-sarcástica de las etiquetas de neutralidad y espectador de que se apropia el narrador. Así, las constantes postulaciones del narrador sobre su papel de espectador neutral resultan verdaderas. Esta revelación claro, da un matiz más cínico a su papel en la farsa y, en cierta manera, lo convierte de veras en espectador, pero a su vez revela su propia farsa privada frente a la colonia. Se entiende también el por qué de su preocupación de no llamar sobre sí la atención de los demás. Como él mismo dice, además de modesto, "tampoco soy yo de los que se desviven por destacar" (90). Por el contrario, hace verdaderos sacrificios por mantenerse relativamente obscuro dentro del actuar colonial. Ejemplo es su ya mencionada membrecía en el "Country" y, significativamente, su participación inefectiva en la "danza" con Rosa después de la cual ofrece la siguiente meditación:

> Gasté, pues, mi dinero--el dinero que tenía reservado para comprar ese automóvil que tanto necesito (soy uno de los poquísimos socios del Country Club que todavía no lo tienen)--, me lo gasté en vano y, a pesar de todo, no me duele. Cuando menos, compré el derecho a figurar en la lista y en el banquete de despedida, y a pasar inadvertido como uno de tantos, lo que no es poca cosa. (117)

El cuadro que surge del narrador es así un cuadro verdaderamente patético. A través de los pasajes anteriores pues, expresiones como la siguiente adquieren tonos de terrible ironía que exige compasión: "y apenas si tenía otro papel que el de figurante y comparsa en aquella comedia absurda" (91). "Cómodo en esa mi actitud de espectador me instalé en una esquina de la mesa [. . .] muy dispuesto, eso sí a presenciarlo todo desde la penunmbra" (90). Pero, a mayor abundamiento, su impotencia sexual es también reflejo de su impotencia en el acontecer de la sociedad colonial.

Como se ha visto, el narrador ocupa un puesto de poca relevancia en la compañía colonial; asimismo, según se desprende de la narración, tiene poca relevancia en el acontecer colonial. Es decir, no es verdadero actor sino más bien espectador, como él mismo afirma. Como resulta obvio, la jeraquía corporativa no hace sino reflejarse en la jerarquía colonial, y en ésta el narrador juega ciertamente un papel marginal, insignificante, . . . "neutral" en más de un sentido.

En directa contraposición y, hasta cierto punto, conflicto con el espectador neutral que es el narrador se halla Ruiz Abarca, Inspector General de Adquisiciones. Irónicamente, a través de las descripciones que de él hace el narrador, Ruiz Abarca no sólo figura como antítesis de aquél, sino que acaba funcionando como elemento que agrava el patetismo del narrador. Según revela éste desde el principio, Abarca es jerarca de la colonia (88). Asimismo, de la acción y trama de la narración se desprende que Ruiz Abarca es uno de los cabecillas o líderes de los colonos; es jugador principal dentro del degradado acontecer de la colonia. Así, frente a la ambigüedad del narrador se halla la definitividad de Ruiz Abarca. De éste sabemos su nombre, su cargo y, sobre todo, sus deseos. Frente a la pasividad e inefectividad de *Spleen* (¿?), el narrador, se halla Abarca: "energúmeno", "bestia", "tipo brutal", "bárbaro". Su cargo en la compañía y su mismo nombre conllevan la idea de acaparar, detentar, poseer.[49] Abarca es un Gargantúa sin comicidad, pues a lo largo del relato Abarca bebe; insulta; come; vomita[50] y se apasiona. Como se ha visto, el narrador pasa por persona leída, Abarca en cambio es un bárbaro a quien el narrador desdeña: "a mí, los bárbaros me revientan" (118). Frente al personaje apasivo e impotente del narrador, se halla Abarca, excesivamente viril, "incapaz de poder refrenar sus impulsos" (130). Asimismo, a diferencia del narrador, inefectivo espectador, Abarca es líder de los macacos coloniales. Este bárbaro, "incapaz siempre de aguantarse las ocurrencias violentas o mordaces y reducirse a los límites" (88) es quien da pábulo, ya no sólo a la "chacota general" como dice el narrador, sino a toda la sórdida acción de la historia. Abarca, ya borracho, es el único que reacciona visiblemente frente a la burla de Robert y Rosa: "al sentirse así burlado, se dejó llevar impetuosamente de su primer impulso: levantó el puño y, rojo de ira, lo descargó sobre la mesa, a la vez que su oscuro vozarrón profería: '¡Ah, la grandísima . . .!'" (98).

De estos contrastes entre el narrador y Abarca, surge sin embargo también un lazo insinuado, pero perceptible, entre los dos: su rivalidad en el cariño que sienten por Rosa. Según revela el narrador, él siente "ser el único en la colonia que puede pensar en Rosa sin despecho, y recordarla con simpatía" (117). En contraste, la pasión de Abarca por Rosa parece no tener límites. En su encuentro con el narrador, Rosa le revela que Abarca la acosa obsesivamente, "empeñado nada menos que en hacerle abandonar a Robert para huir con él a cualquier rincón del mundo, no le importaba dónde, a donde ella quisiera, y ser allí felices" (115). Y, conforme se entera posteriormente el narrador, Abarca estaba incluso dispuesto a casarse con Rosa (131).

Así, las burlas y el ludibrio que Abarca provoca en torno a Robert durante ese primer banquete adquieren tonos de dolor, celos y cierta desesperación al saber que Rosa está por abandonar la isla con su supuesto marido. Esto queda confirmado en parte por las ulteriores especulaciones de los demás colonos sobre la burla efectuada por Abarca en el segundo banquete:

> Abarca iba decidido a encontrar a Rosa aun debajo de la tierra, y a apropiársela a cualquier precio[. . .].Por lo visto, después que ella desapareció haciéndole un corte de mangas, se le había metido eso al hombre entre ceja y ceja; cuestión de amor propio, sin duda, pues la escena del banquete lo tenía humillado, y no podía digerirla. Para desquite, se proponía traer ahora a la Damisela Encantadora, y exhibirla ante nosotros, atada con cadenas de oro a su carro triunfal [subrayado original]. (127)

Pero, esta última imagen de Abarca queda sobreseída de manera algo extraña por nada menos que Martín quien, *a posteriori* y de manera fársica, se convierte en verdadero augur de la colonia.[51] Este extraño personaje, en fin, es el que declara, de manera profética, la verdadera intención y sentimientos del Inspector General: "[. . .]'Mientras ella está lejos, y la gente duerme, y nosotros charlamos aquí, él –dijo- derrama en su escondite lágrimas de fuego'" (129). Según informa el narrador, Abarca es quien termina (en apariencia) toda especulación sobre Rosa y abre el nuevo episodio de burla de la colonia:

> Abarca cerró un día el debate a su modo, le puso grosera rúbrica repitiendo aquel gesto memorable con que ella había rechazado la noche del banquete su insolencia de borracho. '¡Bueno, para ella! —exclamó, furiosamente erguida la diestra mano--. Y ahora señores, a otra cosa.' Fue como una consigna. Salvo alguna que otra recurrente alusión, cesó en nuestro grupo de mencionarse el asunto. [. . .]También correspondió al inefable Ruiz Abarca la iniciativa en la más famosa de cuantas farsas y pantomimas se desplegaron por entonces. (118)

De igual manera, Ruiz Abarca es quien cierra la acción del relato en general. Tras regresar de su "búsqueda" por Rosa, y revelar el posterior casamiento de ésta con Robert, Abarca declara "saldadas" las "cuentas" y, después de beber "como un bárbaro, [. . .], cayó sobre un diván. Allí sigue todavía" acaba por declarar el narrador (132).

Termina así, este relato que podría considerarse como mera sátira que ofrece no más que una galería de seres degradados. Sin embargo, como dice Richmond, "Francisco Ayala ha creado aquí un obra polifacética que, según el ángulo desde donde se la mire, presenta un aspecto distinto" (29).[52] En este sentido, uno de los ángulos mas fructíferos es el ángulo que ofrece lo grotesco. A través de lo grotesco, Ayala ha creado una narración ambigua que presenta algunas de las preocupaciones intelectuales del autor en un mundo degradado aunque no por ello deshumanizado. La ambigüedad de "Macacos" deriva de varios factores. En primer lugar, la exposición del relato queda por cuenta de un narrador poco fiable que presenta hechos basados en fuentes incompletas o dudosas. Esto da lugar a una serie de implícitos y especulaciones que devalúan la posible veracidad del narrador. En segundo lugar, la acción se desarrolla en un lugar idefinido y en un ambiente marcado por vacuidad selvática que da la idea de limbo infernal. Finalmente, al igual que el lugar en el que habitan, los personajes carecen de verdadera indentidad y por lo mismo parecen haber perdido algo de su humanidad.

Esta visión y los temas abstractos que de ella se derivan los presenta Ayala entre imágenes de sexo primiscuo, chismes, burlas y borracheras. Esto a su vez contribuye a que la presentación misma de los hechos adopte a veces la forma de farsa, parodia, rumor o chisme; lo cual provoca una sensación de engaño en que el lector msmo se siente burlado. De esta manera, a traves de los grotescos ayalianos el mundo narrativo de "Macacos" se conviete en un espectáculo en el que, como diría Bajtín, no hay espectadores, sino que todos somos pariticipantes activos (12). Así, a través de la degradación y la ambigüedad, surge un relato grotesco, complicado, en el que Ayala presenta su narración y su temática de manera directa e involucrada.

"La Barba del Capitán"

En este relato, el elemento grotesco resulta mucho más sutil, menos obvio; sin embargo, no deja de formar parte integrante de la visión general que el relato proyecta. Narrado en retrospectiva desde la memoria de la narradora adulta, el relato gira en torno a una anécdota ocurrida cuando aquélla era todavía "criatura tonta" (803). A través de este punto de vista infantil, Ayala utiliza una de sus perspectivas características: el testigo marginal. En este caso, el testimonio lo da una niña desde una perspectiva de exclusión doble: se halla no solo en un mundo dominado por adultos, sino adultos varones. Circunstancia agravante de la remembranza es el entorno en el que se encuentra la niña: el mundo castrense del cuartel militar. "Donde apenas éramos tolerados los niños" dice la narradora refiriéndose a una fiesta, pero que se puede entender por extensión a su mundo en general (805). Finalmente cabe agregar el hecho de que, en el recuento que hace la niña no aparece la figura de una madre.

Se establece así un ambiente alienado y hasta cierto punto inhóspito que intensifica el suceso narrado que marca una especie de pérdida de inocencia de la protagonista. Como en otras narraciones de Ayala, destacan los elementos de la burla y el engaño, cuya víctima principal en este caso es un tal capitán Ramírez, sujeto por quien la niña protagonista siente cierta afinidad. Según recuerda la narradora, en una noche de farra, y bajo la influencia del alcohol y la presión mañosa de los compañeros, el capitán Ramírez se deja rasurar la barba que hasta entonces lo había caracterizado y hasta cierto punto, definido. A la mañana siguiente, al no reconocerlo, su mujer salta de la cama gritando, correteada por su marido rasurado en sus esfuerzos infructuosos por explicarle y apaciguarla. Alertados por los gritos de la señora, irrumpen los demás en el departamento de los Ramírez y hallan a los esposos correteándose desnudos (806). Como era de esperarse, la anécdota burlesca se apropia del desafortunado Capitán Ramírez y lo vuelve objeto de la burla de todos los demás, a excepción de la pequeña protagonista.

En retrospectiva, la narradora adulta se pregunta por qué en su momento habría de causarle tanta congoja y "una vergüenza tan grande, tan desesperada [. . .] aquella historia de la barba" (801). Irizarry plantea la idea de que la respuesta la deberá dar el mismo lector (*Ayala* 70). En este sentido, vale la pena poner atención en las remembranzas infantiles de la misma narradora. Conforme avanzan aquellas, se empieza a traslucir el afecto que, de niña, la narradora sentía por el Capitán Ramírez. A este respecto, Ellis habla de la "simpatía" que la narradora siente hacia el capitán, y de la manera en que el incidente de la barba rasurada y la consecuente burla constituye "circunstancia capital" en el nacimiento del cariño de la niña hacia el capitán (160). Sin embargo, se quisiera explorar esta idea aún más y concluir que la simpatía de la niña hacia el capitán deriva de factores que anteceden el incidente de la barba y que éste no constituyó una especie de catarsis para la niña. Visto así, puede considerarse que había un cierto enamoramiento o encaprichamiento infantil de la niña hacia el capitán. Es decir, que ya desde antes y dentro de los límites de su tierna edad, la niña quería de veras al capitán. Esto se aprecia a partir de la compasión, la bondad y el afecto con el que tiende a referirse constantemente al capitán, a quien describe como hombre "serio, tímido, triste, callado y correcto", y a quien llama "mi hombrecito" (805). La otra cara del sospechado enamoramiento infantil la ofrecen el tono y la manera en que la niña se refería a la mujer del capitán. Además de tacharla de "estúpida", "pavona", "soberbia" y "gorda", culpa a la esposa del escarnio y de los infortunios del Capitán Ramírez que culminarían en el incidente de la barba rasurada (801 y 805). Todo lo anterior parece traicionar cierto celo infantil y enamoramiento inocente con respecto al capitán Ramírez. En este orden de ideas, los sentimientos de la niña parecen derivar no solo del afecto, sino también de un fuerte sentimiento de afinidad con el capitán quien, al igual que la niña, aparece como ser marginado en el mundo de la guarnición militar. Aquí vale la pena reiterar lo que ha dicho Ellis con respecto a la presentación que hace Ayala: "[a]l situar la acción en una barriada militar, cuyos habitantes, en general, contrastan tanto con la sensibilidad de la narradora, Ayala pone aún más de relieve dicha sensibilidad que nos parece por lo mismo más intensa de lo corriente" (161). En efecto, pero a través de los ojos infantiles el lector puede apreciar que el contraste se pone de relieve no sólo respecto de la niña, sino también con respecto al capitán vilipendiado. La niña, como se ha dicho, es un ser marginado por razón de edad y género, pero el capitán lo es por su carácter y su personalidad. Conforme lo describe la niña, el capitán es un hombre "tímido, triste, callado y correcto" (805). Estas características contrastan con aspectos como la dureza y la enjundia estereotípicos del arquetipo militar. Así, tanto la niña como su capitán resultan seres anómalos, incongruentes, marginados dentro del pequeño universo en el que se desarrolla la acción del relato. De esta manera, surge una alianza unilateral, cariñosa y secreta de la niña con su "hombrecito" que se puede intuir en el recuento de la narradora adulta. Esto se aprecia cuando, después del incidente, la niña sufre al "no poderle dar a entender de alguna manera que no tenía por qué sentirse solo contra todos; que alguien, mientras, había estado con todo fervor a su lado; aunque ese alguien no fuera más que una chiquilla tonta" (802). Asimismo, la idea de *bildungsroman* deriva del entendimiento y la desilusión de la niña respecto de su "aliado". Por una parte, la niña entiende que, "como tantos otros seres afables y tiernos, el capitán Ramírez era una persona algo débil de carácter" (805). Por la otra, está decepcionada ante el rebajamiento del capitán quien, sucumbe ante la presión del mundo que lo rodea y se transforma de hombre callado y correcto, en uno como los demás: "me indignaba que se hubiera dejado arrastrar a eso, y hasta él mismo quedaba envuelto en la repulsa y el horror que despertaba en mí la insoportable escena" (805).

Aquí vale la pena abordar el papel sutil pero relevante que juega lo grotesco en perfilar el pequeño universo de esta narración. A través de ambientación o por medio de la referencia incidental u oblicua, lo grotesco se asoma y forma parte de la visión del mundo que la niña presenta. Por ejemplo, la perspectiva infantil de la protagonista presenta una visión tergiversada de lo castrense. A través de los ojos de la infanta, la guarnición militar queda desnaturalizada y adquiere un sentido "doméstico", pues la niña lo presenta todo, desde el "ámbito respetable y doméstico donde yo me movía", aclara la narradora (804). O sea, el mundo narrativo que presenta la niña es el mundo alrevesado e incongruente de una quasi-fantasía infantil en el que se combinan la inocencia y la domesticidad con una realidad vulgar, prosaica y militar. Además, en el microcosmos que presenta la niña no predominan valores normalmente asociados con el mundo castrense, como el orden o la disciplina, sino lo que prevalece es este cuartel militar es lo rebajado, lo bajo, como la burla, el engaño, el tedio y su resultante chacota. "[Q]uien conozca algo," dice la narradora, "sabe lo que es el aburrimiento castrense, y a qué recursos vulgares suele echarse mano para matarlo" (804). De esta manera, el relato ocurre en un mundo incongruente de domesticidad militar, y degradado por una historia que gira en torno a uno de tantos "recursos vulgares". Así, la anécdota que constituye el eje central del relato ocurre en un ambiente rebajado de burla y embriaguez: "la historia de la famosa barba del capitán, tuvo lugar en el curso de una francachela de sala de banderas o cuerpo de guardia, cuando ya el vino había encendido los ojos, desvanecido el seso y soltado las lenguas" (804). Asimismo, como se ve en seguida, la visión se presenta entre una leve escatología que se manifiesta a través de los sonidos y olores desagradables que permean el recuerdo de la narradora:

> no olvidaré nunca, por ejemplo, las horribles partidas de tresillo alrededor de la mesa de mi padre, el enervante cliqueteo de las fichas, las toses y gargajos del capellán [. . .], el montón de enormes colillas frías apestando la habitación por la mañana … [. . .]. Aparte de eso, también alcanzaban a mis oídos ecos, y a veces me daban en la cara las tufaradas, de otras diversiones menos apacibles (804).

Lo grotesco también sale a la luz con la imagen del capitán y su cónyuge correteándose desnudos alrededor de su morada. Se da así una de las figuras típicas del rebajamiento y la burla medieval: la exposición ridícula por desnudamiento. En el *Excursus* de su conocida *Literatura europea y Edad Media Latina*, Curtius explica como el desnudo involuntario era uno de los recursos cómicos medievales más populares y frecuentes (433). Además, claro, la desnudez ubica al relato dentro de la comicidad grotesca de lo corporal.

Resulta interesante además que es el capellán quien describe "con regodeo el sobresalto de los esposos así 'en el traje de Adán, tal cual Dios los echó al mundo" (806). Cierta o no (en retrospectiva la narradora cuestiona su autenticidad), es el capellán quien sella en la mente de la niña la imagen cómico-grotesca de los esposos desnudos como representativos de los desterrados del Paraíso:

> [e]l único efecto de esas palabras fue representarme al capitán Ramírez en el acto de taparse los ojos con ambas manos, abrumado, y a su lado, Eva, desnuda, medio oculta por las ramas del árbol, según la lámina de mi *Historia Sagrada*, pero una Eva con el cuerpo exuberante de la capitana. (806)

Surge así una evocación al carnaval medieval en el que, como demuestra Bajtín se da una representación paródica de los rituales ceremoniales y los motivos de la Iglesia Católica (*Rabelais* 18 y 19). Además, el pequeño pasaje de alguna manera ubica el relato en la temática del destierro bíblico y del pecado original, mitos cuya verdad básica Ayala da por descontado (*Confrontaciones* 98). Cabe mencionar también como la figura del pequeño capitán y su exuberante esposa evoca a las parejas cómicas del Medioevo que como explica el pensador ruso, se basan en los contrastes (181).

Finalmente, merece atención la manera en que, a través de las frases y vocablos del texto, el relato se sitúa en un ámbito de burla, de lo rebajado y de lo inferior. Así, por ejemplo, se aprecia como el primer párrafo de la relación se encuentra repleto de vocablos referentes a lo burlesco como "tonta", "vergüenza", "absurda", "disparatada", "chiste", "risotadas" que desde un principio acercan al relato al mundo bajo de lo burlesco (801).

La misma narradora se refiere a su relato como "historia absurda" y "episodio de veras grotesco" (801 y 803).

Sin embargo, quizás el vocablo más sugerente resulte ser el más prominente de la historia: barba. Como se verá en seguida, la remoción de la barba apunta hacia varios tipos de degradación y por lo mismo, abre las compuertas de simbolismo grotesco. En primer lugar, la remoción de la barba adquiere cierto carácter del desenmascaramiento carnavalesco. La imagen de la barba del capitán como máscara queda aludida expresamente por la actitud de sus compañeros burladores quienes, "[m]edio en broma, medio en serio, lo acusaron de ocultarse tras de un antifaz, de sustraer fraudulentamente su verdadera fisonomía" (804). Según Freud, el desenmascaramiento funciona como mecanismo de degradación que vuelve risible a una persona al despojarla de la apariencia de dignidad o autoridad (*Jokes* 252 – 252). Según se desprende del relato, la barba le daba al capitán Ramírez cierta apariencia de dignidad. Además, y aunque esto nunca se aclara para el lector, se sugiere entre los chismosos de la guarnición militar, se corría el rumor, de que "el capitán se dejaba la barba para taparse el defecto de una quijada demasiado chica" (803) y, por ende, darse otra apariencia. Así, la remoción de la barba adquiere un sentido de desenmascaramiento que degrada al capitán restándole dignidad y sentido de identidad.

Mucho más sugerente y, por lo mismo degradante aunque menos obvio resulta ser el simbolismo de la barba como representación fálica. Erich Neuman, por ejemplo, en su estudio sobre el mito y la tradición (*The Origins and History of Consciousness*) examina como el vello masculino siempre ha sido considerado símbolo de virilidad. Por ello, dice Neuman, el "sacrificio' o remoción de dicho vello masculino tiende a simbolizar la castración (59). A *contrario sensu*, sigue el discípulo de Jung, la abundancia de vello en el hombre tiende a simbolizar una virilidad incrementada (59). En este sentido, vale recordar solo la "barba tan complida" de El Cid Campeador que, según Ian Michel "llega a ser el principal símbolo de su honor y virilidad" (98 n 268). Por ello, dentro del contexto de un hombre más bien timorato y débil que presenta la narradora, la figura del capitán rasurado adquiere particular significación. El mismo texto parece estar cargado de un implícito que rebaja la narración al ámbito de lo bajo corporal. Así por ejemplo, los compañeros burladores refieren a la rasurada como "operación quirúrgica" (804). Por su parte, la misma narradora al reflejar sobre su exagerada sensibilidad infantil usa la expresión "irreparable mutilación" para referir a la barba rasurada (802). Asimismo, la narradora en fulminante justificación refleja que "[q]uizás fuera cierto que el capitán se dejaba la barba para taparse el defecto de una quijada demasiado chica" (803). Así, y sin llevar la interpretación a extremos, el mentón rasurado del capitán adquiere connotaciones fálicas de impotencia, castración y falta de identidad que ubican al relato dentro del mundo de lo bajo corporal.

En este orden de ideas, cabe mencionar un ingrediente más de la narración que se puede asociar con el simbolismo de lo bajo corporal/erótico sexual sugerido: la virginidad. Este deriva de la doble perspectiva narrativa, pues la historia surge de la memoria de la inocente niña y es narrada por la doncella en el umbral de la alcoba nupcial.

De esta manera, se puede apreciar cómo, a pesar de que lo grotesco no sea elemento definitorio de la pequeña historia de la barba rasurada del capitán, sí puede decirse, utilizando un vocablo del texto mismo, que lo grotesco se presenta como "tufarada" de burla y engaño para formar parte integrante de la visión de la historia.

"El Encuentro"

En esta narración, Ayala utiliza el recurso del encuentro fortuito entre dos antiguos conocidos para presentar su historia. Como han señalado Amorós (*Prólogo* 65) e Irizarry (*Teoría* 215), el encuentro fortuito es técnica que utiliza Ayala frecuentemente en sus narraciones. Bien vista, esta resulta una historia desgarradora que presenta a dos de los personajes más trágicos de la colección: Juan Vatteone y Nelly. Dos seres patéticos en plena decadencia, ya pasado el proverbial *mezzo camin*. Al igual que "El as de Bastos" que se examina más adelante, el relato se ve invadido por los fantasmas de la memoria, pero en este caso las figuras pretéritas evocadas resultan tan tristes y patéticas como las del presente narrativo. Factor común de este relato con otros lo es la degradación, pero llama sobre todo la atención el papel que juegan en esta historia los apodos. Como han hecho notar Hirirat (*Alusiones* 51) y Janet Pérez (*Recycling* 141), a menudo Ayala pone mucha atención en los nombres de sus personajes. En lo que respecta a este relato, Ellis ya remarcó sobre la profusión de los apodos en esta historia (186); pero vale hacer notar que los apodos de "Encuentro" ejercen una función determinante en la degradación de los protagonistas. Como el vocabulario de la plaza pública medieval analizado por Bajtín, los apodos de esta historia resultan injuriosos y cargados de doble significación evocando lo bajo corporal. Sin embargo, a diferencia del lenguaje de carnaval, las injurias de "Encuentro" carecen de la ambivalencia y el espíritu regenerador de que habla el sabio ruso. Además, se trata aquí no tanto de injurias propiamente dichas, como de las injurias implícitas a través de un código onomástico degradador y deshumanizante. En otras palabras, por medio de los apodos los protagonistas son rebajados a una función o actividad denigrante y pierden parte de su humanidad. Como explica Ramiro MacDonald, el apodo implica un "acto de re-designación" (1). La raíz etimológica del verbo "apodar" dice MacDonald, se relaciona con el verbo latín de "juzgar", y puede tener un "poder o fuerza simbólica" (1 y 2). A mayor abundamiento, el apodo representa una usurpación del nombre y por ende de la identidad de la persona ante la sociedad. Así, uno de los temas subyacentes de la historia es el poder del hombre sobre el hombre, tema constante en Ayala.[53] Desde el Derecho Romano, el nombre ha ocupado lugar primordial de la identidad del individuo frente a la sociedad. El nombre siempre ha sido parte de lo que se considera su "persona" jurídica que, como expone Floris Margadant, es parte esencial de la ficción creada por el Derecho para que un individuo pueda funcionar en una sociedad organizada:

> [e]l término "persona" viene del latín, donde, entre otras cosas significa "máscara". Dicha etimología es interesante y demuestra que, desde su origen, el concepto de persona ha sido algo artificial, una creación de la cultura y no de la naturaleza. No interesan al derecho todas la calidades reales, físicas o psíquicas de los sujetos de derecho, sino sólo algunas características relevantes para la situación jurídica del sujeto en cuestión: que sea de tal nacionalidad, [. . .] que sea mayor de edad, etc.; estos datos forman juntos la "máscara" que este determinado actor lleva en el drama del derecho. (115)

En virtud de lo anterior, los apodos pueden verse como un "re-enmascaramiento" de la persona o, como se ha dicho, una usurpación de la identidad de dicha persona. Visto así, el apodo juega un papel de re-designación en esta historia, a través de la cual Juan Vatteone y Nelly pierden su identidad, su personalidad y, como se verá, también parte de su humanidad.

Según se puede apreciar a continuación, el código onomástico de los apodos establece su presencia inmediata en el escenario de la narración y marca el tono patético-burlesco que habrá de permear la breve historia. Ya desde la segunda línea de la lectura, Vatteone hace breve recitación de los apodos de Nelly al reconocerla: "sí, ella era; la misma: la célebre Nelly, alias *Potranca*, alias *Chajá*, la *Nelly Bicicleta* : Ella misma sí; pero. . . *mama mia!* Casi no la reconoce *el Boneca*" [bastardilla original] (809). Además, cabe notar que, al encontrarse con Nelly el mismo Vatteone sufre regresión, diríase involuntaria, y revierte inconscientemente a su apelativo de antaño: *Boneca*. Como suele suceder con los apodos y conforme lo confirma paulatinamente la lectura, los apodos de Nelly derivan todos de su aspecto físico corporal: su delgadez. Pero conforme se va enterando el lector de la significación y el contexto temporal de cada apodo, se percibe la línea descendente que va desde lo inocente juguetón de *Potranca* hasta el apelativo vilipendioso de *Bicicleta* :

"*Potranca* la llamaban de jovencita los amigos: delgada, fina de cabos, nerviosa, con aquel movimiento rápido de cabeza. Y también el apodo envidioso de *Chajá* aludía a su delgadez de cuerpo, en contraste con sus ostentosos tapados de pieles" (810). Pero, según hace ver la memoria de Vatteone, de los tres apodos, el más denigrante y de mayor escarnio era el apodo "secreto" de *Bicicleta*:

> Lo que de ella decían, en ausencia suya, aquel grupo de mamarrachos y mamarrachas. Se hablaba del viejo Saldanha y sus millones, y de la suerte que ella había tenido de caerle en gracia; se discutían sus méritos, sus carnes. Y entonces, aquel asqueroso de Pepe Sieso había soltado su chiste miserable. Había dicho: "Habilidades tendrá, no me opongo; pero ¿cuerpo? ¡Vamos, hombre! ¡Si eso ha de ser lo mismo que montar en bicicleta!" Y todavía lo acompañó de la actitud ciclista, pedaleando con indecencia cada vez más rápido. Las carcajadas se extinguieron casi de golpe cuando una, divisando a Nelly en el fondo del corredor, dio la señal de alarma: "Che, *attendi*: ahí viene *la Bicicleta*," [bastardilla original]. (815)

De esta manera, a través de los apodos de Nelly, reaparece el motivo ayaliano de la burla y el escarnio. Además, las exageraciones fisionómicas, los juegos de palabras y las alusiones a lo que Bajtín llama "los actos del drama corporal" (286) le dan al relato un matiz que lo acerca al mundo del carnaval. De hecho, de la memoria de los protagonistas se desprende que los personajes de *Encuentro* se movían en un mundo con índices carnavalescos: el mundo del *cabaret*. O sea, un mundo en el que no rigen necesariamente las reglas y los parámetros "artificiales" de que

73

habla Floris Margadant, creados por la "cultura". Así, los apodos en este relato representan la transferencia del mundo exterior, "culto" y elevado, al mundo "natural" bajo desregulado y carnavalizante del *cabaret*. En todo caso un mundo que se rige por sus propias reglas y jerarquías. Según se llega a ver, dentro de las jerarquías de "Encuentro", Nelly regía, el bajo mundo del *cabaret* era su "reino precario" (813). Vatteone, en tanto, no era más que el mandadero enamorado de la reina donde servía su voluntad y la voluntad de su amante, el odioso y odiado (por Vatteone) viejo Saldanha. A través de su dinero, *o seor Saldanha*, era jerarca del *cabaret* y poseedor de las caricias de Nelly. Él fue quien le puso su apodo a Vatteone y también la razón principal por la cual Vatteone odiaba su apodo, "¿te gusta que te llamen *boneca*?" le preguntaba maliciosamente la reina al oído (812). "Cómo le iba a gustar", pensaba Vatteone, "si había sido ocurrencia de ese. . . (todavía le daba despecho recordar al viejo baboso), de ese grotesco personaje, Saldanha, *o seor Saldanha,* farabuti cien por cien, un necio que, con la insolencia del potentado, se permitía llamarle *cara de boneca*, lo había bautizado de *Boneca*; y ya se le quedó el apodo, [. . .]" (812). En efecto, el apodo representaba una manera de opresión para Vatteone, figura baja en los estamentos draconianos del *cabaret* que, si no aceptaba su re-designación, sería exiliado de su pequeño universo. "Lo peor de esas cosas", refleja Vatteone, era que había que soportar la consecuente humillación y cumplir capricho y voluntad del "viejo inmundo" porque, "si no te aguantás, ¡adiós!" (812). Así, a través de los apodos ambos protagonistas pierden parte de su humanidad al quedar definidos por fisonomía y función. En Nelly, las re designaciones *Chajá* y *bicicleta* son juegos de palabras típicos de lo grotesco y que hacen referencia exagerada a su delgadez o de plano ubican a Nelly en lo bajo corporal del acoplamiento. *Boneca,* en cambio, reduce a Vatteone a su estado servil en la jerarquía elemental pero draconiana del *cabaret*.

Como en los demás relatos, el aspecto físico corporal del amor predomina sobre el aspecto sentimental. Lo más cercano a éste es la obsesión que en su juventud sufrió Vatteone por Nelly. "Cierto que el anduvo un tiempo medio enloquecido," recuerda el *Boneca,* "con un metejón bárbaro, hecho el infeliz más grande del mundo; que, atontado y miserable, no era capaz de pensar sino en ella" (811). Pero al igual que en las otras narraciones, a través de los implícitos de la narración y de los personajes ancilares, surgen los temas recurrentes de la anonimidad sexual y la lascivia de la mujer referenciados por Irizarry (*Teoría* 153). Según se desprende del siguiente fragmento, en lo que parece haber sido un encuentro sexual entre Nelly y Vatteone, éste queda reducido a la anonimidad de su falo: "[n]o había olvidado después de tantos años la vez aquella en que, con la boca pegada a su oreja, le declaró muy bajito: 'Esto es lo que a mí más me gusta en el mundo. ¡Otra que pieles! *Esto,* había dicho; no había dicho que le gustase él, ni siquiera hacerlo con él, sino sencillamente *eso,* la muy. . ." (814). Asimismo, ante la agresividad sexual de la mujer, habría que agregar también el tema recurrente de la pasividad y, sobre todo la impotencia sexual en el hombre. En el caso de "Encuentro", y a diferencia de historias como "Macacos" y "Bastos", el tema de la impotencia sexual masculina surge no a través del protagonista principal, sino por conducto de un personaje ancilar: uno de los antiguos pretendientes de Nelly. No como podría pensarse, el viejo millonario Saldanha, sino un personaje que prácticamente pasaba desapercibido en el círculo de acción en el que se movían Nelly y Vatteone y que aparece muy tarde en la propia historia: Muñoz. Muñoz quien pretendía a Nelly callada y casi secretamente y quien ahora se había metamorfoseado en el abúlico e impotente marido de Nelly. Muñoz "se resistía íntegro al deterioro de la intimidad" (817). Conforme lo evoca para sus mientes Nelly, la historia aumenta en ironía cuando el lector ve que Muñoz, quien la había atraído entre otras cosas por su "expresión viril" es ahora hombre "medio baldado" y enfermo que desespera a Nelly por su falta de actividad. . . . se intuye, actividad íntima: "[a]hí estaba el pobre, postrado en su eterno sillón de mimbre, y esa misma quietud, sosiego y silencio que antes la encantaba, la crispaba ahora viéndole impasible, mientras ella entraba y salía, salía y entraba . . ." (817). Así, la agresividad e iniciativa general y sexual de Nelly, contrasta con la abúlica impotencia de Muñoz.

Normalmente en un recuento de este tipo las imágenes presentes sufren al confrontar sus sombras pretéritas; sin embargo, como se ha dicho, aquí Ayala presenta unos fantasmas que son tan grotescos como los esperpentos de la actualidad. Además, lo que evocan las memorias de Nelly y Vatteone no es una edad dorada, sino el mundo de "fango" y "abyección" en el que Nelly reinaba y Vatteone servía (817). Quizás la única diferencia entre las figuras del pasado y el presente sea, que si antes no destacaban por su figura o belleza, ahora destacan por su fealdad. Ambos en su juventud ya vaticinaban su figura física actual. El relato se resiste a pintar a Nelly como bella, más bien la figura que se desprende es la de una joven atractiva y con cierta habilidad para manejar a los hombres de su mundo. Nelly siempre fue delgada, refleja Vatteone, pero "ahora sí que se veía esta pobre como pájaro desplumado. Desengaños del tiempo: estaba hecha una lástima. . ." (812). Por su parte Vatteone, piensa Nelly, ha sufrido una "transformación del *petit farceur* simpático" en "figura exuberante" (816). Como se aprecia, un agravante grotesco del encuentro es la del contraste físico entre personajes utilizado por Ayala en relatos como *The Last Supper* y *La barba del capitán*. El contraste es un recurso de lo grotesco que evoca la "pareja cómica típicamente carnavalesca basada en los *contrastes*: gordo y flaco, viejo y joven, grande y pequeño" (Bajtín 181). Pero como se percibe del siguiente pasaje, la delgadez excesiva de Nelly durante el re-encuentro no solo sirve de contraste a la exuberancia de Vatteone, sino que funciona también como *memento mori* dándole un matiz tenebroso a la narración: "el no podía quitar la vista de aquel escuálido, vibrante cuello que, sobre la frágil armadura de las clavículas, sostenía una cabeza gastada, unas facciones gastadas, hechas de finísimas arrugas. Y era ella, la Nelly. Ahí (solo que ahora entre uno párpados marchitos) [. . .]" (810). La muerte se vuelve a asomar cuando Nelly rememora en qué acabó Saldanha: "[n]i recordar quería ella [. . .] cuando al viejo crápula le entró la pamplina de que oía músicas a lo lejos y se quedaba arrobado, asustándola en seguida con los arrebatos que le sobrevenían: carcajadas, y gritos, y toses, y lágrimas, y venga a hablar francés; hasta que aparecieron unos buitres del Brasil para llevárselo" (813). Como bien se aprecia, el memento mortífero de los buitres va acompañado además del tema de la locura, tema también típico de lo grotesco (Bajtín *Rabelais* 41). Los motivos del desengaño, la muerte y las referencias constantes al deterioro del cuerpo le dan además a la historia cierta tonalidad barroca. El contraste físico entre Nelly y Vatteone se ve complementado además por la grotesca inversión de papeles presentes respecto del pasado. En efecto, el mundo en el que se encuentran los otrora amigos/amantes, es un mundo alrevesado en el que Nelly, quien fuera reina del *cabaret*, ahora se halla "medio derrotada" frente al *Boneca* antiguo mandadero y enamorado de Nelly convertido en "fantasmón rozagante, engreído" a quien "le daría vergüenza que le viesen" con Nelly (812 y 816). Surge además el motivo carnavelesco de la máscara cuando el Vatteone actual queda visto a los ojos de Nelly como una especie de máscara o antifaz, una "cara grandota, las narices gruesas y las cejas peludas que tenía [Nelly] enfrente, al otro lado de la mesa" (816). El motivo de la máscara aparece otra vez aunque de manera muy diferente cuando Vatteone recuerda como a la Nelly de antaño le dedicaban versos publicados en "las páginas de *Caras y Caretas*" (810). Además de evocar el carnaval, los motivos de la máscara sirven para reiterar la idea de la identidad reprimida a través de los apodos. Pues como se ha visto, éstos son expresión de las identidades impuestas a los personajes en razón de su función en el carnaval del *cabaret*.

En fin, de esta manera, el reencuentro pedestre de dos antiguos conocidos queda transformado por la lente experta de Ayala en patético drama carnavalesco. Vatteone primero medita que su pasión por Nelly y el postrer deterioro de aquélla quizás parece "tragedia convertida en sainete", pero luego se corrige y cree exagerar (811). Pero el lector sabe que su intuición primera es la correcta: el casual y pedestre episodio queda convertido por el grotesco de Ayala en tragicomedia humana.

Dentro su corta extensión, *"The Last Supper"*[55] es uno de los relatos ayalianos que mejor ejemplifica la manera magistral en que Francisco Ayala utiliza elementos de lo grotesco para presentar su visión y su temática. En *Supper* lo grotesco adquiere enorme relevancia para darle al relato su misma esencia. Esta breve historia es una de las que mejor demuestra la naturaleza del grotesco ayaliano. Como se ha dicho, en *"The Last Supper"*, lo grotesco no es mera técnica, sino que forma parte esencial del relato. A través de lo grotesco, Ayala produce un mundo alrevesado en el que aborda temas universales y abstractos como el destino, el libre albedrío y la fragilidad humana, y los rebaja a un contexto muy concreto y muy humano.

Partiendo del título mismo, y de las primeras líneas del relato, se percibe el tono irreverente y satírico tan característico de lo grotesco. En efecto, el relato abre con la siguiente sentencia que, como explica Richmond, es paráfrasis de un pasaje bíblico: "Ocultos y extrañísimos son los caminos de la Providencia" (155).[56] Además la sentencia representa también la manifestación de un tema humano constante, universal y abstracto: el Destino o, en este caso, "la Providencia."

Visto así, y en conjunción con el título *"The Last Supper,"* el pequeño relato ayaliano comienza con un tono irreverente que evoca la tradición medieval de la literatura paródica que, según Bajtín, se burlaba de lo sagrado y de lo universal (*Rabelais* 79).

Esta percepción de burla queda confirmada en las líneas subsecuentes que plantean las siguientes interrogantes: "¿Quién hubiera podido imaginar dónde y cómo iban a encontrarse [. . .] aquellas dos amigas [. . .]?" (155). De esta manera, toda referencia a lo sagrado y a lo universal parece haberse hecho con mero ánimo irónico y burlón, pues los "caminos de la Providencia" quedan rebajados a un nimio encuentro fortuito entre dos amigas. Por ello Keith Ellis considera que la declaración sobre la Providencia sólo sirve para preparar "el terreno para la ironía que ha de seguir" (194). "Lo que resulta del encuentro," continúa Ellis, "escasamente puede calificarse como obra de la Providencia porque [. . .] 'Los caminos de la Providencia' conducen pues, del modo más irónico, a un encuentro nada providencial caracterizado por la angustia más intensa" (194). Sin embargo, y según se verá, la sentencia inicial sobre "la Providencia" resulta auténtica y va más allá de mera técnica irónica. A pesar de lo certero de las observaciones de Ellis, es importante notar que la Providencia subsiste a lo largo del relato y se mantiene como tema relevante. Esto resulta a veces difícil de reconocer ya que la Providencia aparece en avatares mundanos y pedestres, más acordes con el mundo rebajado en el que se presentan, que con la sublime idea del Destino, o de la voluntad divina.

Según Bajtín, la característica más relevante del grotesco medieval es la degradación. "[O] sea," dice el pensador ruso, "la transferencia al plano material y corporal de lo elevado, espiritual, ideal y abstracto" (*Rabelais* 24). En cierta manera, esto es lo que sucede al principio de la narración ayaliana. Es decir, el tema abstracto e ideal de la Providencia se ve rebajado a un nivel corporal, material y concreto.

En este orden de ideas, puede apreciarse cómo continúa la ruta burlona descendente de la narración al revelarse el "dónde" y el "cómo" del "providencial" encuentro. Recién hecha la ponderación sobre la Providencia, la narración presenta a Trude buscando desesperadamente el retrete, "apremiada por incoercible necesidad" (155). De esta manera, en meras cinco o seis líneas, la narración ha superpuesto una meditación pseudo-bíblica sobre el Destino con la imagen de una mujer buscando satisfacer sus necesidades corporales. Así, Ayala no sólo degrada la idea elevada del Destino al referirla a un suceso pedestre (encuentro nimio entre dos amigas), sino que ubica dicho encuentro en el mundo de lo bajo corporal.

Además, si se presta atención al lenguaje intencionado de Ayala, se puede apreciar la manera en que tiende a rebajar aún más las circunstancias y el lugar del encuentro fortuito: "*despreciando* el *sórdido* lavabo, se precipitó sobre la segunda *puertecita, o más bien mampara*" (155).

En seguida, al tratar Trude de ocupar el retrete, la degradación del relato se perpetúa por medio de lo cómico-burlesco, pues al hallarlo por fin, Trude se ve impedida por una mujer que se halla "instalada majestuosamente" en la taza. Se produce entonces un intercambio de imprecaciones y un breve forcejeo que culmina con el feliz reconocimiento entre las dos antiguas amigas.

En este momento, según se puede apreciar a continuación, el elemento fársico del encuentro se ve intensificado por ingredientes carnavalescos que permean esta escena del baño:

> [Trude] impetuosamente empujó la puerta [. . .], para encontrarse [. . .] allí *oh malheur!* [cursiva original], en vez de la ansiada *privacy* [cursiva original], la mirada furibunda de otra señora que, instalada *majestuosamente, repelía* con ademán perentorio el *asalto* de quien así *osaba* perturbarla en la *beata posesión* de lo que por *derecho de primer ocupante* venía disfrutando. [. . .] Solo a medias entendió las *injurias* de la otra [. . .]. (156)

En nota a pie de página (y posiblemente tomando en cuenta los antecedentes de Ayala como jurista), Richmond subraya las alusiones jurídicas que conlleva el lenguaje utilizado por Ayala en este pasaje. Efectivamente, el lenguaje legal puede servir como elemento paródico-satírico a fin de dotar la confrontación entre las dos mujeres con tono jurídico, mismo que sirve para ridiculizar aún más la lucha por el retrete. Sin embargo, lo que más resalta es la inferencia del lenguaje subrayado que afecta de manera determinante el tono del episodio. A través del lenguaje de Ayala, el forcejeo del baño se reviste de un tono que inequívocamente evoca el destronamiento fársico de carnaval. Según Bajtín, la fársica coronación y el subsecuente destronamiento del rey bufón son elementos primordiales del carnaval.[57] Tomando esto en cuenta, el pasaje tiene un leve pero indudable intertexto con uno de los episodios más conocidos del *Buscón* de Quevedo, mismo al que Ayala le dedicó algunos estudios.[58]

A mayor abundamiento, el sentido de carnaval se ve reforzado a través de detalles como las injurias[59] y, sobre todo, la imagen de Sara Gross, la amiga de Trude. En conjunción con su posición en el trono metafórico,[60] sus ademanes y su apariencia física funcionan para darle a Sara un aire bufón, elemento primordial del destronamiento carnavalesco.[61]

La imagen de Sara como bufón se aprecia desde su presentación inicial en el relato, en que aparece "instalada majestuosamente" y en "beata posesión" del inodoro. Este lenguaje de Ayala sirve para crear un contraste irónico con las circunstancias y el *locus* de Sara, haciendo de ella un ente risible.

La ridiculización de Sara Gross continúa después de concluida la pequeña refriega por el inodoro. Primero, como se ha dicho, a través de sus ademanes y expresiones. "[L]a expresión de la ira," nos dice el narrador, "había cedido en la imprevista Sara al asombro, y ahora (*Lieber Gott!*), desde su inmundo sitial, le tendía cordialmente ambos brazos [. . .]" (156).

En segundo lugar, el aspecto físico de Sara intensifica su ridiculización. La primera impresión física que se deja ver de Sara es la de "aquella cara abotagada bajo el sombrerito de flores malva" (156). Luego, en la mente de Trude, Sara no es sino "la gritona y vaga y vivísima Sara Gross, que ahora se había puesto tan gorda" (157). De allí, cada vez que aparece descrita Sara, lo es entre actitudes risibles o descripciones burlescas que operan en conjunción con su descripción física para reiterar el efecto fársico y ridículo de su persona. Nótese, por ejemplo, la manera en que se describe a la obesa amiga de Trude cuando toma un aire de seriedad: "(Sara Gross se había concentrado para meditar sobre el caso, *entornados los gruesos párpados sobre su botella de coca-cola*)" (158). Y más adelante, "[p]ronunciaba, susurraba casi, *saboreando entre sus labios pesados, relucientes de pintura*" (159).

Finalmente, debe hacerse mención a su nombre. Como se ha visto, Ayala pone mucho cuidado en la nomenclatura de sus personajes. Y la amiga de Trude no es la excepción. Gross tiene acepciones de gordura, grosor y, en general, acarrea asociaciones peyorativas en varias lenguas, incluyendo el francés, el inglés y el español. Por ello, no deben descontarse las alusiones ridiculizantes que acarrea el patronímico de Sara.

Por su parte, Trude contrasta de manera significativa con su gorda amiga quien, entre otras cosas, sirve de antítesis para acentuar el aspecto menos ridículo y más trágico y hasta siniestro de Trude. Se establece así entre las dos mujeres un contraste (que como se ha visto, es también recurso frecuente de Ayala) que patentiza la tensión entre lo cómico y lo serio que caracteriza a "The Last Supper." Sara es pura farsa, puro fantoche que no pierde nunca su frivolidad. Trude, en cambio, tiene cierto aire ridículo pero va adquiriendo un matiz siniestro y finalmente, trágico. Además, cabe observar que, a diferencia de Sara, la descripción de Trude no depende de atributos físicos expresos sino que es más bien interior. En contraste con Sara, el aspecto físico de Trude no queda descrito por el narrador. Al leerse los atributos de Trude, más que una descripción física propiamente dicha, lo que surge es una impresión que produce sin embargo un marcado contraste con Sara. Trude se percibe a través de sus actitudes interiores, de su diálogo y muy significativamente, de sus silencios. Por ello, a pesar de que nunca se llega a saber siquiera su apellido, Trude es el personaje de mayor profundidad.

Según el narrador, Trude es mujer de "gran locuacidad," "ojillos vivaces" y "manos inquietas" (157), lo cual evoca una idea contrastante respecto de Sara quien aparece siempre oyente, pasiva, y obesa. La gordura de Sara se hace obvia ante el ojo crítico de Trude, quien refleja para sí: "estaba gorda la Sarita [. . .], Sara Gross, que ahora se había puesto tan gorda" (156). Este tipo de observaciones peyorativas sobre el estado físico de Sara provocan la idea de que Trude, por el contrario, es delgada.

Otro punto de contraste entre las dos surge por vía de sus acciones y actitudes. Sara Gross aparece desde el principio, sentada y, como se ha dicho, en actitud de oyente. Sara es, junto con el lector, el auditorio o espectador de la narración y del drama de Trude. Trude, por el contrario, evoca movimiento constante, dinamismo, inquietud. Trude hace entrada al escenario narrativo de manera impetuosa y en la que de nuevo destaca el lenguaje intencionado de Ayala que provoca la impresión de una mujer seguida por cámara cinematográfica: "*apremiada* por *incoercible* necesidad, *irrumpió* en este bar-restaurante *tras haber vacilado* ante el vestíbulo de un cine, una cafetería y las escaleras del subterráneo" (155). Este efecto de movimiento y actividad vertiginosa continúa al hallar Trude el baño: "impetuosamente empujó [. . .] se precipitó" (156). Como se puede apreciar, la introducción de Trude contrasta drásticamente con la de Sara, quien se halla "instalada majestuosamente" (156). Inclusive, el contraste entre las dos se puede transferir al contexto de la batalla metafórica antes mencionada y en la que Trude adopta el papel de agresora-activa frente a la posición defensora-pasiva de Sara.

En este orden de ideas, la degradación de ambas sirve también para diferenciarlas. Según se ha visto, gracias a la leve acentuación grotesca de su aspecto físico y de sus ademanes, Sara es personaje fársico, bufonesco. La degradación de Trude en cambio, ocurre más bien por su actitud y conducta ante los horrores de la guerra y produce un grotesco con matices siniestros que trascienden lo meramente fársico/cómico. Además, según se verá, hacia el final del relato Ayala utiliza imaginería animal que procura una degradación de Trude a ultranza que rebasa el rebajamiento ridiculizante de Sara.

Dentro de este mundo rebajado, parece que toda referencia al Destino/Providencia adquiere un matiz meramente paródico. Al parecer, como afirma Ellis, la sentencia inicial sobre los caminos de la Providencia tiene más que nada una función irónica (194). No obstante, como habrá de notarse, la Providencia subsiste como tema informativo en "The Last Supper," ya que continúa como refrán o *leitmotif* a lo largo de la narración. Lo que sucede es que la Providencia ha quedado degradada de tal manera que es difícil de reconocer. Como se verá en seguida, a través de la degradación, la Providencia se manifiesta bajo avatares mucho más pedestres, que sin embargo se adecúan al ambiente rebajado del relato. De esta manera, habiendo introducido el tema de la Providencia desde la primera línea de la narración, Ayala lo mantiene de una u otra forma dentro del contexto narrativo.

Conforme avanza el relato, Trude comienza a insinuarse como principal protagonista y narradora. En este último papel, Trude sirve de conducto para introducir los aspectos más degradantes, ridículos y, finalmente, los más desquiciantes del relato. Asimismo, a través de la narración de Trude, la Providencia/Destino se mantiene casi siempre en primer plano.

A veces aparece oblicuamente insinuada, como reflexión sobre lo que pudo haber sido. En otras ocasiones, la Providencia surge claramente referida pero, como se ha dicho, en una representación mucho más mundana. Ambos recursos para presentar al Destino rebajado se ejemplifican cuando, recién ofrecida la sentencia inicial, el narrador presenta a Trude buscando el baño, pensando en las varias opciones que pudo haber tomado y finalmente esperando tener "suerte" para hallarlo: "irrumpió en este bar-restaurante tras haber vacilado ante el vestíbulo de un cine, una cafetería y las escaleras del subterráneo (*troppo tarde* [bastardilla original] ya, ¡ay!, para regresar al hotel) sólo tenía ojos para anhelar el consabido *Women* (*Ladies*, [bastardilla original], acaso, con un poco de *suerte* [. . .]" (155).

Referencias más claras a la Providencia surgen al continuar la escena. Primero, cuando Trude, feliz de encontrar por fin el baño de mujeres expresa un "gracias a Dios" y luego, cuando al hallarlo ocupado impreca un afrancesado "*oh malheur!*" (156). Más adelante, Trude exclama "*Lieber Gott!*" al ver que Sara procura abrazarla "desde su inmundo sitial" (156). Como puede apreciarse, de una u otra manera, y en varios idiomas, todas las anteriores constituyen manifestaciones rebajadas de la suerte, el Destino, o la Providencia.

Poco más adelante, surge nuevamente la referencia rebajada al Destino cuando las dos amigas, sentadas en un bar, "se reían de la pequeñez del mundo, de sus *casualidades*" (157).

Posteriormente, cuando Trude refleja sobre el fortuito encuentro, se da lo que son inferencias implícitas a la casualidad o Destino: "¡Venirse a encontrar ahí, *precisamente en aquel sitio—* ponderaba Trude—, *el día mismo* de su llegada a Nueva York!" (157). Y más adelante, dice Trude: "[s]í, *esta misma mañana*, al amanecer, veíamos por vez primera la famosa estatua de la Libertad. Y en seguida, caramba tropezar contigo. *¿No es fantástico?*" (157).

Así, oculto bajo referencias implícitas o representaciones rebajadas, el Destino se convierte en tema subyacente, constante, y va cobrando mayor significación. Asimismo, conforme comienzan las dos amigas a reflejar sobre sus respectivas trayectorias a lo largo de los últimos veinte años, surge inevitablemente el tema de la Segunda Guerra Mundial. La integración del tema bélico tiene un doble efecto inmediato: el debilitamiento del tono fársico con el que se había iniciado la narración, acompañado de un consecuente sentido de inminencia o gravedad.

En tal virtud, las referencias rebajadas al Destino comienzan también a cobrar un sentido más serio, amplio y profundo, pues "los caminos de la Providencia" hacen referencia ya no solamente al ridículo encuentro casual entre las dos amigas, sino que se empieza a detectar una referencia implícita a los caminos por los que las ha conducido la Providencia a lo largo de los últimos veinte años. Se perpetúa así un contraste y cierta tensión que se han venido dando desde el principio de la narración entre las dos amigas y que acentúa las experiencias tan dispares que han vivido. Sara se había casado y mudado de inmediato a América antes de comenzada la Guerra. Trude, en cambio, había permanecido en Europa y sufrido las consecuencias de la conflagración. Como se aprecia del siguiente intercambio, las reflexiones de Trude denotan cierta amargura al considerar las trayectorias tan diferentes de sus vidas: "[p]ero si tú lo sabías, Trude, que nosotros nos vinimos para acá poco después de casarme, hace ya lo menos veinte años. ¡A tiempo! —pensó Trude—, ¡vivísima siempre!" (157).

Como se ha dicho, Trude es también quien introduce los aspectos más serios y siniestros del Destino rebajado. Así, a pesar de su reticencia, y por medio de pausas y silencios, Trude comienza a insinuar sus experiencias desagradables durante la Guerra. Trude explica que ella y Bruno han prosperado gracias a la creación de un muy efectivo veneno para ratas que, aparte de su efectividad, debe su éxito comercial al atinadísimo nombre que Bruno asigna a su producto: "La última cena." Con gran entusiasmo, Trude hace un llamado a la imaginación de su amiga (y, por ende del lector) y describe el objeto de su prosperidad: "[t]rata de visualizar la caja de cartón, redonda, con *La última cena* de Leonardo, en colores. Arriba la etiqueta sola, y las instrucciones en la parte interior de la tapa. Un hallazgo, te lo aseguro. Y, como tantas veces, fruto de la pura *casualidad*, por lo menos en parte" (158-59).

Trude comienza en seguida a explicar la "casualidad" que los ayudó a ella y a su marido Bruno para dar nombre a su nuevo descubrimiento. "Verás" dice, "fue cuando los muy salvajes bombardearon Milano y se dio por perdida, ¿te acuerdas?, la célebre obra de Da Vinci, que a Bruno le vino la idea" (159). De inmediato agrega una aclaración que resalta por ridícula y grotesca. Comienza por cantar la alabanzas de Bruno como una "fiera para las cosas de cultura" y "un espíritu exquisito" (159). Explica que Bruno sufrió una gran indignación por la posible destrucción de la pintura de Da Vinci y que quería perpetuar la memoria de la obra de arte. "Como ves," dice Trude "su propósito era, ante todo, de reivindicación artística" (159). Luego agrega otra mención a la coincidencia providencial para ella y Bruno: "Coincidió" continúa Trude, mencionando nuevamente el factor providencial, "con la oportunidad de patentar el matarratas, y resultó luego que la marca encerraba enorme valor publicitario" (159). Finalmente, Trude termina con el siguiente escandaloso razonamiento: "[d]ate cuenta: para empezar, es un motivo artístico lleno de nobleza; luego, constituye una frase acuñada, que quién no recuerda; y, para colmo, alude sutilmente a los efectos mortíferos (infalibles, te juro) que produce la ingestión de los polvos" (159).

Luego, esta visión ridícula adquiere una tonalidad que raya en lo macabro cuando Trude explica que, gracias otra vez a la Providencia rebajada, su veneno para ratas recibe un ímpetu inesperado:

—En Sudamérica —-continuó Trude—- eso ha marchado de lo mejor: el negocio es allá firmísimo. Hasta (¿podrás creerlo?, ya tú sabes cómo son aquellas gentes), tuvimos la *chance* [bastardilla original] de que, en un momento dado, se puso de moda suicidarse con nuestro producto. Figúrate la publicidad gratuita cada vez que los periódicos informaban: "Ingiriendo una fuerte dosis de *La última cena*, puso anoche fin a su vida. . ." (159)

Además, conforme continúa este mismo pasaje, la naturaleza de Trude y de Sara adopta cierto aire malévolo que contrasta con su imagen fársica y que contribuye al tono siniestro general que a esas alturas ha comenzado a dominar la narración: "[a]mbas amigas sonrieron, llenas de comprensión irónica: las pobres criadas suicidándose por contrariedades amorosas con una fuerte dosis de *La última cena*. . . Sonreían" (159).

Finalmente, la Providencia aparece una vez más. En lo que resulta el avatar más macabro, Trude revela cómo Bruno descubre la fórmula para la "última cena." "El pobre Bruno [. . .] tuvo que conocer hasta la experiencia del campo de concentración. Sí, casi un año se pasó en el *Konzentrationlager* [bastardilla original] (allí fue donde, cavilando y observando, con ayuda de una *curiosa casualidad*, dio con la fórmula del raticida)" (160).

Como se puede observar, a estas alturas el relato ha perdido prácticamente todo su sentido de farsa y ha adquirido matices mucho más obscuros de los que se hayan insinuado desde un principio. Sólo podrá imaginarse el lector cuál sería la naturaleza de la "curiosa casualidad" que ayudó a Bruno a hallar la fórmula para su producto. Por lo mismo, la figura de Trude raya en lo perverso, pues ella y Bruno al parecer han prosperado de la miseria y el sufrimiento. Como explica el mismo Ayala: "[s]e trata allí de judíos que han sufrido lo indecible—literalmente, lo que no pueden mencionar—bajo el terror hitleriano; pero ahora en América, quieren entregarse con los ojos cerrados a la trivialidad cotidiana, empeñados en tapar el agujero atroz de la experiencia pasada, olvidarla, borrarla, atenidos [. . .] a un sistema de valores abaratado [. . .]" (*Confrontaciones* 125-26). Surge así, a través de las casualidades (o si se quiere, los caminos de la Providencia) un mundo grotesco de valores alrevesados en el que el sufrimiento y la tragedia, en lugar de ennoblecer el espíritu de Bruno y de Trude los degrada.[62]

Más adelante, la degradación de Trude llega a su momento más intenso. Ya entrada en plena revelación de los terribles sucesos de la Guerra, Trude cuenta a Sara los aspectos más desagradables de su experiencia personal al respecto. "¿Podrás creerme si te digo, omitiendo otros detalles, que hasta me hicieron recorrer a cuatro patas y con un bozal en la cara todo el Paseo Central, nuestro paseo de los domingos, te acuerdas, hasta dar la vuelta al Parque?" (160). Keith Ellis interpreta que Trude fue obligada a andar así "todos los domingos" (189); pero esta interpretación resta efectos dramáticos a la degradación de Trude por parte de los nazis. Más bien lo que ocurría "todos los domingos" era, como dice Trude, "nuestro paseo." Esto es importante señalarlo porque en este contexto se aprecia que no sólo la persona de Trude fue degradada, sino también su ambiente, su mundo, sus recuerdos. Dicho de otra forma, todo ha sido usurpado y degradado al punto de la exterminación. Visto así, tiene mucha más significación la falta de descripción de Trude quien, después de las atrocidades sufridas a manos de los nazis, no es más que una impresión, una sombra.

Luego, en el siguiente intercambio con Sara, Trude concluye su patético relato con una terrible revelación final que produce la degradación de Trude a un estado cuasi-bestial:

—Y la peor infamia fue obligar a mi niño . . .
Se quedó cortada. Sara la miraba con los ojillos más redondos que nunca. Le preguntó, por fin:
—Entonces, ¿tienes un hijo?
—Lo tenía—consiguió articular Trude.

Pero ya se había descompuesto, ya no le salían más palabras, gesticulaba en vano. Y Sara, que la observaba con alarma, vio como, por último, abría enorme la boca, *igual a un perro*, y rompía a llorar, a hipar, a sollozar, *a ladrar casi*. (161)

Según Ellis, la "imaginería animal" que utiliza Ayala en este pasaje "subraya la condición deshumanizada a que entonces la habían reducido [a Trude]" (193). En concordancia con estas ideas, Irizarry explica que lo que hace este episodio es exponer "la tragedia de la degradación a un estado perruno que significan las atrocidades de Hitler" (*Teoría* 144). A las acertadas apreciaciones anteriores habría que agregar una característica más de la degradación de Trude que resulta determinante: su ambivalencia. A través de sus sollozos perrunos puede percibirse la vulnerabilidad y el sufrimiento de Trude. En cierta manera, el episodio le otorga humanidad a Trude, atenuando hasta cierto punto la frivolidad macabra o siniestra de su actitud en el presente narrativo. Paradójicamente, la degradación más intensa de Trude a un estado perruno sirve para revelar su humanidad. Es decir, la degradación animalesca de Trude perfora el velo deshumanizado que cubre a Trude durante la mayor parte de la narración y produce un ente mucho más humano.

Lo anterior vale la pena mencionarlo porque constituye una característica típica del grotesco ayaliano, a saber: personajes que a pesar de una degradación extrema no pierden su humanidad. En este mismo sentido, cabe recordar también la figura fársica de Sara Gross quien, a pesar de su figura caricaturesca, no pierde por ello verosimilitud. A este respecto, Ayala mismo observa que en sus esfuerzos artísticos siempre procura no eliminar "la referencia a lo humano concreto" de sus personajes. "[D]e no ser así," continúa, "confieso que consideraría frustrados mis propósitos artísticos (*Confrontaciones* 115-16). Además, por más vileza que pueda concebirse por parte de Trude y de Bruno, no llegan a ser entes puramente malvados. Característica también típica de los personajes ayalianos, es decir, son viles y reprobables, pero no carecen de cierta humanidad. Nuevamente el comentario del autor al respecto: "[l]o que mis personajes revelan, lo que yo hubiera querido al menos que reflejaran, no es una maldad especial, que no la hay en ellos [. . .]" *Confrontaciones* 125). Esta característica de los personajes grotescos ayalianos da entrada a su vez a lo que resulta un tema que, como se ha visto al analizar el grotesco ayaliano, es un tema reiterativo de la narrativa de Ayala: la redención. Al no perder por completo su humanidad, los protagonistas ayalianos, a pesar de su vileza, ofrecen la posibilidad de ser redimidos. Vista así, la degradación de Trude se acerca a la idea postulada por Bajtín de lo grotesco como algo regenerador (*Rabelais* 25). Esto se aprecia en la conclusión de este excelente relato que termina con la degradación más intensa de Trude.

Como se ha visto, en "*The Last Supper*" a través de los degradados "caminos de la Providencia" la narración sigue una trayectoria descendente y cómico-macabra que parte de un fársico encuentro en el retrete público y acaba en los horrores implícitos del *Konzentrationlager* nazi. Conforme avanza la narración y, a través de la farsa y la degradación, la declaración sobre la Providencia cobra legitimidad y pasa de ser fórmula cínica para luego convertirse en auténtica sentencia sacramental del relato.

CAPITULO III

EL AS DE BASTOS[63]

Nota preliminar

Con la excepción de "El prodigio", los relatos de esta colección funcionan, a mayor o menor grado, en torno a lo sexual. Según lo explica el propio Ayala, en esta colección procura exponer su tesis de la degradación que ha venido sufriendo la concepción del amor:

[. . .] es cierto que abunda en erotismo en mis obras narrativas y que está más acentuado en las recientes. Los ejes sobre los que gira son aquellos dos fundamentales móviles que, apoyado maliciosamente en la autoridad de Aristóteles, atribuye el Arcipreste de Hita a la conducta humana: mantenecia y fembra placentera (*Confrontaciones* 45).[64] Esos dos móviles operan descarnadamente en mis novelas, combinados entre sí y por cierto bajo las manifestaciones más crudas del poder y la sexualidad. La razón de esto estaría en otros dos temas que a veces se me han indicado: un mundo en descomposición y la animalización del hombre. [...] En fin, la novela tiene como función contribuir a que se entienda mejor o más profundamente el mundo en que vivimos. Se ha caracterizado a éste, comentando precisamente una novela mía, como 'un mundo sin valores', es decir, un mundo en que actúan al desnudo, sin apenas revestimiento cultural, los instintos básicos. En lo que se refiere a la sexualidad, esto se ve de modo sumamente claro (y, por supuesto, también en el campo de la política): en nuestros días se está cancelando esa tradición plurisecular que elaboró culturalmente la sexualidad constituyendo sobre su base biológica los cambiantes conceptos del amor, y, abolido éste, volvemos a recaer en los cultos primitivos relacionados con el sexo. En *El as de bastos*, por ejemplo, se encuentra, ya desde el título mismo, una alusión al culto fálico. (*Confrontaciones* 45-6)

"Violación en California" surge como ejemplo primordial de esta visión ayaliana que además combina lo lúdico con lo

91

terrible de manera magistral. En este relato la bestialidad del ser humano se deja ver de manera tajante y directa. En el relato que da nombre a la colección, en cambio, los instintos bajos del ser humano se hacen patentes con mayor docilidad. Además, el autor mantiene a sus protagonistas bien plantados en el ámbito de lo humano. Pero no por esto "El As de Bastos" deja de impactar. El autor granadino no perdona, y no deja nunca que el lector se deje llevar exclusivamente por esa compasión que tiende a caracterizar sus escritos. Como se verá, detrás de la fachada triste y melancólica que el autor presenta su narración, se asoma la implacable imagen de la muerte. Esto, aunado a las múltiples referencias poéticas de la narración dan al relato un tono barroco que desengaña cualquier noción de exclusiva compasión que pudiese llegar a tener el lector.

"El As de Bastos"

Este es el relato que da nombre a la colección y, siguiendo la pauta marcada por epígrafes de Garcilaso, Shakespeare, Ronsard y Quevedo, se presenta como manifestación del tema horaciano del *carpe diem*. La narración comienza nuevamente con el recurso ayaliano del encuentro fortuito entre dos viejos conocidos, Matilde y Bastos. Los antiguos amigos coinciden en un tren rumbo al balneario al que alguna vez viajaron con sus respectivos cónyuges. En aquella ocasión pretérita, ambos habían sentido fuerte atracción mutua; sin embargo, debido a la indecisión del timorato de Bastos, su coqueteo durante el mes en el balneario nunca llegó a más. Ahora, sin compromisos ni ataduras conyugales (Bastos es viudo y Matilde divorciada), la pareja mayor logra por fin consumar su postergada aventura.

Hiriart ha señalado el hecho de que los personajes de Ayala evocan casi al pie de la letra las imágenes del *carpe diem* plasmadas en los versos introductorios de Garcilaso y de Quevedo.[65] En efecto, de una u otra manera, el tema anunciado en los epígrafes se reitera hasta quedar bien establecido a lo largo del texto. Por principio de cuentas, Ayala se sirve de la consabida metáfora de los viajeros en tren y presenta el pequeño drama en un escenario invernal que alude a la edad de los amantes y ofrece marcado contraste con su primer encuentro, que fuera durante el verano. Como nos hace ver el narrador, en aquélla ocasión el balneario pululaba de gente y estaba lleno de vida; ahora, el lugar se halla desierto. Asimismo, el tema se repite como discreto refrán a lo largo de la narración, ya por cuenta de los protagonistas, ya de la voz narrativa. Sin embargo, el marcador más claro del paso del tiempo lo ofrecen los mismos protagonistas. Bastos, por ejemplo, revela que es ya "abuelo por partida doble", y Matilde refleja, con aire melodramático que ya no es más que "un trasto viejo [. . .] un cachivache inservible" y que ha sido, "tirada como un mueble viejo" (1181 y 1183). En este sentido, los efectos más dramáticos del paso del tiempo los brindan las mutuas apreciaciones internas que cada cual hace de su compañero de viaje y que dejan ver ya no solo el paso, sino los estragos del tiempo. Un ejemplo que destaca es el siguiente en el que Bastos compara a la Matilde actual con la de antaño:

> a aquella otra, la de entonces, desnuda, ligera, una nereida, tan ágil de movimientos como de genio; las torneadas columnas de sus piernas, el mármol o alabastro de su garganta, el oro de su cabello, la música alegre de su risa. Y la palabra 'ruinas' le acudió a las mientes. *Campos de soledad, mustio collado*, recitó para sí Bastos, mientras derramaba la vista, más allá del cristal medio empañado, sobre la escarchada llanura que el tren recorría melancólicamente [bastardilla original]. (1187)

Como ya demostró Hiriart, la anterior es clara referencia al poema *A las ruinas de Itálica* de Caro (122). Según la autora, la alusión a la elegía de la antigua Roma recubre el texto de Ayala con un tono de melancolía (122). Sin embargo, bien puede decirse que el poema de Caro sirve más bien como punto de referencia para un tono narrativo que se extiende mucho más allá de la nostalgia por lo perdido. Mediante la dinámica de lo grotesco, el texto de Ayala pinta un cuadro mucho más dramático y devastador para los personajes en el que la melancolía del paso del tiempo se transforma en imagen implacable de vejez y deterioro. El motor principal de esta dinámica grotesca es precisamente la contraposición de las imágenes del pasado con las figuras actuales de los protagonistas. A través de constantes evocaciones de sus contrapartes pretéritas, los entes actuales se convierten en sombras o fantasmas a veces ridículos que, al tratar de recuperar lo perdido caen más bien en lo patético-burlesco.

> Se miraron a los ojos, y Matilde, sonriendo a su vez, se reclinó un poco hacia adelante y golpeó—un golpecito suave, cariñoso—la mano que Bastos tenía apoyada en la rodilla, [. . .]. Entonces Bastos le tomó entre las suyas esa mano regordeta y ensortijada, y se la besó con arrebato. (1183)

Así, por ejemplo, al contraponer imágenes como la de la "nereida" de piernas como columnas y garganta de alabastro con la mujer actual de manos regordetas y ensortijadas, la narración comienza a descender de la melancolía de un Caro a la sarna devastadora de un Quevedo; pues, al igual que hace Quevedo en uno de sus conocidos sonetos, Ayala hace una yuxtaposición irónica de la belleza pasada y la cruda realidad presente que subraya el deterioro de los protagonistas y que tiende a ridiculizar su esfuerzo por recuperar lo perdido:

> Rostro de blanca nieve, fondo en grajo;
> la tizne, presumida de ser ceja;
> la piel, que está en un tris de ser pelleja;
> la plata, que se trueca ya en cascajo;
> [. . .]
> Dos colmillos comidos de gorgojo,
> una boca con cámaras y pujo,
> a la rosa que fue vuelven abrojo.(340)

Al igual que el soneto de Quevedo, Ayala provoca un efecto dramático mediante el uso irónico y burlesco del lenguaje metafórico tradicional.[66] Por su parte Bastos, quien según Matilde fuera "cuco" y hombre de "buena estampa", es ahora visto por su compañera no solo con temor sino con cierta piedad, pues el "cuco" estaba convertido en "estafermo" de "palidez mortal" (1184-1185). De esta manera surge en el relato una imagen ridículo-patética o tragicómica que recubre el *carpe diem* renacentista de los epígrafes con un matiz medieval cuyo enfoque es no sólo la melancolía de lo perdido sino el deterioro del cuerpo humano.[67] Y éste, junto con la idea de lo ridículo, se vuelve motivo constante a lo largo de la narración.

Dicha superposición de lo mortífero con lo ridículo se establece, como se ha dicho a través de los dos actores principales, pero también por conducto de sus respectivos cónyuges quienes comparecen al desfile fantasmagórico como sombras de aquel lejano verano. Emilia, quien desde el más allá ("murió Emilia" se repite Matilde con cierta sorpresa) acude a la remembranza, celosa y sospechosa de los frustrados amantes; y Julio quien, aunque vivo ha quedado convertido en ridícula representación del joven y robusto esposo de aquel verano. El ex-marido de Matilde no es ahora más que "carcamal cornudo" le dice aquélla con amargura a su compañero de viaje. Julio la ha abandonado para "contraer justas nupcias con cierta alhajita de diecinueve años" (1180). Esta yuxtaposición belleza-juventud pretérita *vis-à-vis* deterioro-muerte actual, ridiculiza a los protagonistas y produce la tensión grotesca del relato que oscila así constantemente entre el humor y el horror; y que intensifica la incongruencia del idilio veraniego frente al encuentro invernal.

Asimismo, conforme avanza la lectura, se empieza a percibir cómo la historia desciende de manera paulatina pero constante hacia un inframundo que pasa por lo moribundo, lo decadente y por lo bajo corporal. Se siente, como diría Bajtín, "[e]l poderoso movimiento hacia abajo, hacia las profundidades de la tierra y del cuerpo humano" (*Rabelais* 333). Por debajo de la temática superficial del encuentro nostálgico, se va develando la verdadera fuerza motriz que impulsa a los protagonistas: no tanto el amor, como el deseo sexual. Por ello, cual universo rabelesiano, el relato ayaliano, "tanto en su conjunto como en cada uno de sus detalles, está dirigido hacia los infiernos, terrestres y corporales" y se ve dominado por una "orientación hacia lo bajo" (*Rabelais* 334).[68] Hasta cierto punto, la sutileza magistral de Ayala disimula la crudeza temática del relato; sin embargo, más que atenuar el relato, lo permea de un tono sardónico. De esta manera, inclusive entre nostálgicas evocaciones del idilio veraniego, se hallan insertadas referencias a las funciones básicas del cuerpo. Así, por ejemplo, recuerdan los amantes frustrados como, a fin de facilitar un encuentro con el tímido Bastos, Matilde disimula molestias menstruales (1185). Luego, al estar en la playa observando a Matilde aquél verano, Bastos necesita disimular la erección que le provoca su nereida en traje de baño (1186). De esta manera, la lectura ha descendido de la melancolía de un verso de Caro, a la crudeza de un soneto sardónico quevedesco. A través de la degradación, la temática del relato se basa no tanto en dos personas que se hallan enamoradas, sino en dos cuerpos que no han podido lograr la anhelada unión carnal. El lector comprende que, lo que ha dominado los encuentros entre Bastos y Matilde y, por extensión, lo que domina el relato entero es, por así decirlo, no el espíritu sino la carne.[69] Esto Matilde lo confirma de manera lapidaria (valga la expresión) al hallarse por fin los viejos amantes cuerpo a cuerpo, en toda su deteriorada desnudez y próximos a la consumación. La antigua nereida, cogiendo el falo de Bastos entre sus regordetas manos proclama: "[a]quí está, por fin; aquí lo tengo [. . .]. El As de Bastos: ya. Más vale pájaro en mano…. Nunca pensarías tú, idiota, que yo no pensaba sino en este dichoso As de Bastos" (1189). Por ello, y siendo que el destino (tema constante de Ayala) les ha deparado una segunda oportunidad, la pareja aprovecha la ocasión y consuma por fin su libidinoso cometido inicial: la efímera cópula. Pero dadas las circunstancias de su actualidad, la crudeza erótica del relato comparte el escenario con el elemento tragicómico. Esto se aprecia de manera particular cuando, en pleno coito, Matilde ya fuera de sí exclama el nombre de su verdadero amor: "¡Ay, Julio mío!" (1189). Se produce así una cómica e irónica inversión de papeles en la que Bastos pasa de amante a cornudo simbólico. Asimismo, se reitera el rebajamiento de Bastos a mero objeto sexual; a falo.[70] Se combinan así en esta pequeña comedia trágica, lo bajo y lo burlesco con lo que, en el presente contexto, se vuelve ingrediente terrible de la narración: el paso del tiempo. Como bien se ha dado cuenta el lector por las mutuas apreciaciones de los amantes, el elemento corporal está deteriorado y la crudeza del acto corporal se ve agravada por el deterioro de los amantes. Pero cabe notar que la línea descendente del relato no termina en el deterioro y la senectud de aquéllos, sino que continúa hacia el inframundo de lo mortífero cuando el lector se da cuenta de que la muerte es motivo que subsiste a lo largo de la narración. A través de referencias directas o insinuadas, apartes o silencios, la muerte surge una y otra vez entre los deteriorados amantes. El viaje en tren dentro de un ambiente invernal se puede interpretar, desde luego, como alusión al fin del trayecto vitalicio, la llegada al "destino final" si se quiere. Asimismo, la imagen del balneario veraniego desierto durante el invierno, poblada de los fantasmas del pasado evoca no solo un desierto sino un camposanto. El motivo de la muerte corre sobre todo por cuenta de Matilde quien, a través de reflexiones, apartes y silencios hace de la muerte discreto refrán de la historia. Aunque la primera mención directa a la muerte se produce de manera inconsecuente con la viudez de Bastos, queda reiterada a pocas líneas con la reflexión de Matilde: "murió Emilia" dice para sí (1180). Otro ejemplo sutil pero efectivo se da a través del silencio cuando Matilde refleja para sí sobre la personalidad de Bastos y enuncia para sí el principio del viejo refrán "genio y figura" (1182). La conclusión claro, corre consciente o inconscientemente a cargo del lector: "hasta la *sepultura*". Más adelante, al estar recordando los celos de Emilia, Matilde se interrumpe con la versión de otro refrán: "paz a los *muertos*" (1182). Luego, al narrar su frustración y desamparo por el abandono de su marido Julio, Matilde explica: "se me ocurrió el recurso de ir a *sepultarme* por unos días en esa soledad" (1184). En este último pensamiento surge otra vez el silencio tan elocuente como lo expresado, pues lo que persiguen Bastos y Matilde al regresar al balneario es recuperar un pasado ya muerto. En evocación barroca que recuerda al conocido soneto de Sor Juana, por ejemplo, Matilde advierte que, "debajo de cada cuco se puede divisar ya su correspondiente estafermo" (1185).[71] Así, en lo que se podría considerar un guiño de barroquismo empedernido, el relato de nuestro autor granadino parece demostrar no sólo que la carne es débil, sino que, ultimadamente se convierte "en tierra, en humo, en polvo, en nada" (Góngora Soneto CLXVI).

Quizás la imagen más tétrica surge recién consumado el acto sexual. Matilde contempla dormido a su amante que, a los ojos de la vieja Nereida, se convierte en cadáver de "*palidez mortal* del estafermo, unos ojos sumidos en el fondo de las negras cuencas, la boca reseca" (1189). Así, al presentarlo en un ámbito de deterioro y muerte, Ayala hace incongruente la visión del acto procreativo. Lo que Bajtín llamaría "un grotesco ambivalente" (*Rabelais* 29).

Las imágenes espectrales quedan reforzadas incluso con la evocación que hace Matilde de un antiguo tango Argentino.

Después del grotesco encuentro sexual de los decrépitos amantes,[72] Matilde evoca el viejo tango argentino "Volvió una noche" sobre el reencuentro de antiguos amantes que ahora no son más que "fantasmas de un viejo pasado [. . .]" (1184).[73] Así, dentro del contexto que ha creado Ayala, la evocación del tango sirve para reforzar la imagen patética y macabra de dos decrépitos amantes pretéritos girando en torno a sus recuerdos con melancolía y dolor como dos espectros en una danza fúnebre. Y esto es lo que se desenvuelve ante el lector cuando Ayala lo hace presenciar esas imágenes crudas, ridículas, irrisorias, patéticas en la alcoba del hotel: una "Danza de la Muerte". Visto así, "As de Bastos", además de ubicarse dentro de un contexto de melancolía y nostalgia renancentista, queda ubicada dentro de la tradición medieval de la "Danza de la Muerte" expresada no sólo por la tradición poética, sino musical y pictórica.

A través de este análisis, puede verse como el grotesco hace al lector descender desde el mundo melancólico del recuerdo y el *carpe diem* hacia la mórbida realidad planteada por el poeta anónimo de la Danza Macabra:

> Qué lopcura es esa tan magnifiesta
> Que piensas tú omne, que el otro morrá,
> E tu quedarás por ser bien compuesta
> La tu complisyon e que durará.

"Una Boda Sonada"

Este breve y entretenido relato es posiblemente el más gracioso de todos los que se examinan. A pesar de que, como se verá, contiene alusiones a la muerte, el cuento se inclina mucho más hacia el humor que hacia la grave meditación. El elemento principal de este relato es la burla. Como varias de las narraciones ayalianas, la voz narrativa hace partícipe y en este caso hasta posible víctima al lector. Como se verá, la leve sentencia al principio de la narración bien puede estarse refiriendo al narrador respecto del lector: "nadie renuncia a hacer un chiste fácil a costa del prójimo" (1191). De esta manera puede decirse que, por una parte se está lanzando un *caveat* hacia el lector desprevenido; por la otra, se proclama lo que es uno de los temas del relato: la burla. Así, ésta es no solo instrumento- sino tema, y lo que hace la narración ayaliana es desarrollar su tema a través de la demostración. El protagonista principal se llama Homero Ataíde, nombre escogido por su tía adivinadora al consultar las estrellas y del que el protagonista se apropia para justificar sus anhelos poéticos. "Bien puede ser que la buena señora ignorase todo acerca de Homero, el de la *Ilíada,*" especula con cierta sorna el texto, "y váyase a averiguar de dónde sacó el nombrecito para su sobrino; pero si así fuera, ello confirmaría el decreto de las estrellas en lugar de desautorizarlo [. . .] la cosa es que desde edad escolar [Homero] había comenzado a dar muestras de su irremediable vocación lírica" (1191). La sorna se confirma unas líneas más adelante cuando nos enteramos que su actividad poética se reduce a "alguna que otra oda o soneto" publicada los domingos en *El Eco del País,* donde trabajaba en calidad de "redactor meritorio" (1192).

Como de costumbre en la narrativa ayaliana, es recomendable poner atención al papel que juegan los nombres en esta historia. En este caso todos participan más que nada en el tono burlesco de la narración. La tía Amancia por ejemplo, utiliza el alias de "Celeste Mensajero"; Asunta es la "Criolla de Fuego"; Flora Montes es "Flor del Monte"; etc. Pero el nombre que más llama la atención por su doble significado y función es el apellido de Homero, "Ataíde". Como explica la voz narrativa, "desde sus tiempos de la escuela le decían todos 'Ataúde'", como referencia al negocio de pompas fúnebres de su padre (1191). Además de lo burlesco del apellido, es así como se anuncia lo que viene a ser otro de los temas del relato: la muerte; misma que, como de nuevo declara la voz narrativa, "es lo que a todos nos espera" incluyendo, implícitamente desde luego, al lector (1191).

La acción se desarrolla en base a la rivalidad entre dos bailarinas de farándula que llegan al pueblo. La una, Flor del Monte, pequeña rubia cuyos seguidores consideran la verdadera artista de calidad; sobre todo cuando monta en escena su número estelar: La Danza de los Velos. La otra se llama Asunta, La Criolla de Fuego, "morocha simpática", nos dice el narrador que, arrancaba aplausos frenéticos de sus seguidores "con el meneo y final exhibición de [. . .] tremendas vejigas de pavo" (1193 y 1195).

Ambas artistas se disputan el favor de los espectadores hasta que la rivalidad entre las dos bailarinas se vuelve muy aguda, "dividiendo en bandos enemigos al público de la sala, a las tertulias en todos los cafés, y –dicho queda– a la ciudad entera" (1194). La rivalidad llega a su crisis cuando los partidarios de la Criolla de Fuego provocan a la rubita y, durante la Danza de los Velos, se ponen a reclamar con gritos y abucheos la presencia de Asunta en el escenario, lanzándole improperios (196). Finalmente, en un momento culminante, durante su baile, la rubita se voltea hacia sus agresores, levanta la delicada pierna y lanza un petardo humano en dirección a los seguidores de su contrincante. El escándalo subsecuente concluye con el feliz rescate de la estrepitosa bailarina por parte de su poeta admirador, Homero Ataíde quien, tras consolara y aliarse a su causa, acaba proponiéndole matrimonio a la refinada artista. Según se aprecia, "Una boda sonada" es uno de esos relatos que reflejan, como dice su autor, "el aspecto grotesco de la realidad [. . .] de un mundo en el que los valores se han vuelto irrisorios" (*Confrontaciones*121-122).

Destaca además un sentido lúdico que, entre otras cosas, contrapone al tono burlesco con que está narrada, uno de los temas subyacentes de la pequeña historia: la muerte, "lo que a todos nos espera" advierte al principio el narrador. A través de la mención constante del apodo alusivo del protagonista, y de algunas breves referencias a la muerte, ésta surge desde un principio y se mantiene como pequeño *leit motif* o, si se quiere, *memento mori*, en el trasfondo escénico de la narración. Así, por ejemplo, vemos que la acción se desarrolla, en palabras del mismo narrador en capital de provincias, "pequeña" y "mortecina" (1191). Además, antes de su feliz matrimonio con Flor del Monte, el poeta Ataíde acostumbraba galardonar a las artistas en turno con una gacetilla encomiástica en *El eco del País* y un homenaje floral que decían las malas lenguas provenía de las coronas fúnebres del negocio paterno. Finalmente, cabe notar que el relato termina con la muerte: la de la tía prestidigitadora de Ataíde y, para darle un tinte ligeramente macabro, no sólo con la muerte de la tía, sino con su necropsia (1202). *Sic transit gloria mundi!* Palabras fúnebres con las que prácticamente cierra la narración. El espíritu lúdico de la narrativa ayaliana se percibe además por la manera en que el relato está escrito. Salpicado a tal grado de cursilerías y clichés que el lector no puede evitar sentir que ha caído víctima si no del verso, sí de la prosa pretenciosa y, valga la expresión, pedante, del poeta Homero . . . y no el de la Ilíada. Porque al fin y al cabo, como dice el mismo narrador al comenzar el relato, "nadie renuncia a hacer un chiste fácil a costa del prójimo" (1191). Pudiéndose interpretar como advertencia oblicua al mismo lector.

"Violación en California"

En su análisis conjunto de tres relatos ayalianos, Janet Pérez y Ricardo Landeira aluden a "las posibilidades tanto cómicas como horroríficas" de este relato.[74] En efecto, este relato ejemplifica magistralmente esa irresuelta combinación de lo cómico con lo terrible tan característica de lo grotesco. A pesar de que el elemento macabro en esta narración algo fársica, aparezca tardíamente, su efecto acaba por empapar toda la historia. En ésta, Ayala presenta su acostumbrado mundo alrevesado en el que las mujeres son las "agresoras" sexuales. Sin embargo, a diferencia de la Nelly de "Encuentro", y la Matilde de "Bastos", aquí las protagonistas de Ayala no solo violan a los hombres y cometen estupro, sino que hasta se vuelven homicidas potenciales del sexo masculino. Al comenzar el relato, el lector se halla en casa con el teniente de policía E. A. Harter y su esposa Mabel. El primero narra, no sin "circunloquios y plagado de detalles" (según refleja Mabel para sus adentros) cómo dos jóvenes mujeres han "violado" a un igualmente joven viajante de comercio (1203). Habiendo posado como damiselas en aprietos mecánicos y "siempre bajo la amenaza de las armas", obligan al comerciante a satisfacer "sus libidinosas exigencias" (1204).

Conforme explica Irizarry, esta narración ejemplifica "la comicidad que Ayala encuentra en la enajenación de tipo orteguiano: el estar atento a lo que pasa fuera de uno, dejando que los objetos y acaecimientos del contorno lo lleven" (*Teoría* 187). Así, continúa la autora, el joven violado no se da cuenta de la comicidad de su circunstancia, mientras que los oficiales de la comisaría lo toman a chacota. Según Irizarry, Harter es el único que "atiende al asunto con seriedad" (187). Esto resulta cierto a un primer nivel, es decir, si se le cree al teniente lo que está diciendo de su propia actitud a su esposa; sin embargo, no hay verdaderamente nada que impida que uno pueda poner las aseveraciones de Harter a este respecto en tela de juicio. Por ejemplo, cuando uno de sus subalternos hace comentario burlón, se gana la "mirada severa", ya no solo de Harter, sino de los demás, dice Harter (1204). Luego, el teniente aclara a su esposa que, cada vez que llega "un caso pintoresco" a la comisaría, sus subalternos procuran divertirse y "sacarle a la situación todo el jugo posible", claro está, aclara el teniente, "sin abusar, y sin perjuicio de nadie [. . .] pues para algo estoy ahí yo" (1204). Más adelante, Harter explica que, a pesar de la chanza pública a que se va a prestar el asunto, para él, es motivo "de la mayor preocupación" (1209). Así, Harter procura constantemente distanciarse de la comicidad del asunto frente a su esposa. Pero esta actitud puede muy bien ser nada más que pose del buen teniente ante su esposa y, ultimadamente, ante el lector. Por su parte, la Sra. Harter a veces reacciona como si pensara precisamente que su marido no está tan distanciado de la chacota como quisiera indicar. Esto se advierte cuando Harter explica que el azorado joven no ha podido dar muchos detalles de los automóviles de las violadoras, pero sí pudo "suministrar con bastante exactitud las señas personales de esas forajidas" (1206). Luego, agrega con aparente cinismo, "[s]obre este punto, figúrate, los muchachos lo han exprimido como limón" (1206). En este momento en que Harter parece dejarse llevar por su narración, su esposa no duda en señalarle, "tú que lo permitiste", le dice, a lo que Harter responde con cierta dignidad: "[p]or la conveniencia del servicio. Podrán ellos haberse regodeado (discretamente), no digo que no; pero es lo cierto que a los fines de la investigación cualquier insignificancia resulta en ocasiones inapreciable" (1206).

Como se ha dicho, las anteriores aseveraciones de Harter pueden interpretarse literalmente o simplemente como esfuerzos de Harter por distanciarse de la chacota general, como pose del buen teniente ante su cónyuge. De cualquier manera, ya sea simulada o auténtica, la seriedad del teniente ante el incidente sirve para enfatizar lo fársico de esta violación alrevesada. Pues, en caso de ser auténtica, coloca al teniente en el mismo plano ridículo al del susodicho joven violado y como reiteración de aquella "enajenación de tipo orteguiano" de que habla Irizarry. De lo contrario, colocaría a Harter como oyente burlón junto con sus compañeros.

Dada la manera graciosa y fanfarrona en que se narran las desventuras del joven comerciante, el lector no puede sino también allegarse al círculo de espectadores divertidos. Esta complicidad del lector se mantiene durante la segunda parte del relato, en la que toca el turno a Mabel narrar su propia anécdota, el de "las hermanas López". Sin tantos circunloquios como los de su marido, Mabel relata como a estas "señoritas aburridas" se les ocurrió estudiar, "*in anima vili* las peculiaridades anatómicas del macho humano, apagando mediante una exploración a mansalva la sed de conocimiento que torturaba sus caldeadas imaginaciones" [bastardilla original] (1209). El sujeto del experimento de las hermanas López es Martín, "el tonto del pueblo" recuerda Mabel, a quien las muchachas "habían llamado bajo el pretexto de darle un traje desechado de su padre" (1209). Sin embargo, la inesperada reacción del deficiente mental ocasiona problemas a las estudiosas pues, "Martín se aficionó a los ávidos toqueteos de las señoritas, y pronto pudo vérsele en permanente centinela frente a su ventana. Allí, hilando baba de la mañana a la noche, pasaba el bobo su vida ociosa; impaciente, exigente, y nunca satisfecho con platos de comida ni con monedas" (1210).

Ya ni las amenazas ahuyentaban al tarado pretenso, continúa la esposa del teniente Harter, ni "seguramente alguna otra ocasional concesión" (1210). Ante la terrible posibilidad de ser descubiertas, las "pudibundas vestales" parecen haber resuelto decididamente su problema de manera dramática: "[f]inalmente, el día menos pensado", concluye Mabel, "amaneció muerto Martín, y la autopsia pudo descubrir en su estómago e intestinos pedacitos de vidrio" (1210). Así termina la narración de Mabel y, propiamente, el relato en general.

Como explica Rosario Hiriart, este tipo de conclusiones, típicas en la novelística ayaliana, tienden a dejar a sus lectores "llenos de preguntas, reflexivos, perplejos--como queda el ser humano al reflexionar en su yo interior ante el espectáculo de su propia vida—" (*Recursos* 94). Parte de lo que sucede aquí es que el lector se halla frente a frente al grotesco ayaliano. Ayala ha combinado, en típica yuxtaposición grotesca, ingredientes fársicos con las "posibilidades terribles" de que hablan Pérez y Landeira. Por otra parte, a través de la ligereza y comicidad de ambos episodios ha quedado el lector ciertamente "desprevenido" ante la terrible conclusión, misma que acaba por invadir toda la narración. Pues, como le dice Mabel a Harter: "[y]a ves, tu joven viajante de comercio ha salido mejor librado que aquel pobre Martín" (*ONC* 1210). Esto bien produce esa reflexión de que habla Hiriart, aunque ya no sólo ante el espectáculo individual de la vida de cada uno, sino ante el espectáculo de la vida en general. Pero a través de aquella complicidad del lector que se mencionó anteriormente, éste (el lector) ya no es sólo espectador sino partícipe de dicho espectáculo. En términos bajtinianos, el lector ha quedado carnavalizado ante esta comedia humana que presenta Ayala, pues ciertamente se halla riendo frente a la muerte que presenta la conclusión del segundo relato. Este, ha venido a colación a propósito del episodio chusco de la violación que no por ello deja de basarse en el sexo y la violencia desmedidos, preocupaciones sociales de hoy y de siempre. Como concluye el teniente Harter en paráfrasis de las Sagradas Escrituras: "después de todo, no hay nada nuevo bajo el sol de California" (1210).[75]

Cabe agregar que el efecto grotesco logrado a través de la combinación de lo lúdico con lo terrible se da en otro nivel narrativo a través de Martín, el tonto del pueblo. En primer lugar, dada su demencia o deficiencia mental, Martín es ya de por sí una imagen asociada con lo grotesco. Recuérdese que entre la enumeración de grotescos de Kayser, éste incluye la demencia humana (181-82). Asimismo, en paráfrasis de Jennings puede pensarse en la reacción que, al igual que aquél que sufre deformidades corporales, la persona deficiente mental, tiende a producir emociones encontradas de temor y de burla (11).[76] Además, Martín proyecta la imagen carnavalesca asociada con el "festival de los tontos", en el que según explica Bajtín, al pueblo le es permitido actuar de manera irrestricta por los convencionalismos sociales y las leyes del lugar (*Rabelais* 85). Así, cualquier demente como Martín, en su capacidad de "tonto del pueblo" no se halla restringido por dichas reglas o leyes, pudiéndose portar de cualquier manera sin estar sujeto a reproche. Como señala el mismo Ayala en uno de sus ensayos cervantinos, el loco (y, por extensión, el tonto) era sujeto de un prestigio antiquísimo, "convirtiéndolo en un ser sagrado y sometiéndolo al trato ambivalente que a lo sagrado se aplica siempre" (*Cervantes y Quevedo* 26). Más adelante en dicho ensayo, Ayala compara a Don Quijote precisamente con "los tontos que todavía son irrisión de sus aldeas [subrayado original]", y explica que Cervantes (a través del recurso de la demencia quijotesca), "extrae riquísimas consecuencias del arte, [. . .] desplegando entre esos polos la amplia gama que va de lo patético a lo grotesco, en contrastes de barroquismo extremo" (*Cervantes y Quevedo* 26).[77] Aún con plena conciencia de las abismales diferencias entre ambas figuras, bien puede apreciarse cierto barroquismo quijotesco en la figura de Martín que contribuye enormemente al grotesco de la narración. Cabe agregar, sin embargo, que el efecto grotesco del relato no se logra simplemente a través de la combinación de lo cómico con lo terrible, sino que Ayala utiliza algunos otros ingredientes de lo grotesco que se insinúan levemente al principio, pero que, ya vistas en conjunto acaban por armar propiamente el relato.

Como por lo general se puede apreciar, la inversión de papeles constituye ingrediente frecuente de lo grotesco, y en este relato, como en otros de esta colección, los papeles sexuales se han trocado. Según observa Irizarry, en la colección *As de bastos*, las mujeres son las agresoras sexuales (*Teoría* 153). "Se han trocado los papeles;", agrega esta autora, "la mujer es ahora la agresora, y [. . .] hacen que [los hombres] se sientan verdaderamente 'hombres sin nombre' reducidos a la anonimidad, irónicamente, sin quererlo" (155). Como se ha visto, esto sucede con historias como "Encuentro", "Bastos" y, en cierta manera, en "Macacos". Esto mismo sucede con el joven violado, quien se vuelve "objeto sexual". Pero lo simbólico de esta inversión grotesca rebasa el mero trueque de papeles para convertirse en auténtica expresión del culto fálico. Ayala es el primero en reconocer que las obritas de esta colección representan precisamente el culto al falo (*Confrontaciones* 46) y como reafirma Irizarry, en relatos como el que se examina y "El As de Bastos", "se ve la degradación de [. . .] [las] mujer[es] al culto fálico" (*Teoría* 154). Tanto en "Violación" como en "Bastos" esto se aprecia muy directamente. Se recordará a Matilde y a Nelly, que acaban por agarrar los miembros viriles respectivos de Bastos y el *Boneca*, para declarar el genuino objeto de su interés y deseo. De manera semejante, aunque más metafórica, las dos violadoras de "California" son las que tienen posesión del falo, pero en este caso, como se ha dicho, es más bien simbólico: las pistolas.

Aunadas a las anteriores imágenes grotescas se hallan algunas breves escenas que combinan lo cómico/ridículo con lo erótico para producir imágenes entre obscenas, irrisorias y eróticas que además penetran el terreno del sadomasoquismo. Por ejemplo, Harter narra la siguiente escena descrita por el infortunado joven "violado":

> [a]sí, pues, una vez en el lugar previsto, y siempre bajo la amenaza de las dos pistolas, oyó que la rubita le ordenaba perentoriamente que procediera a actuar en beneficio suyo; para cuyo efecto, pasó a su compañera la embarazosa pistola con instrucciones de disparar, diestra y siniestra, sobre el inerme joven si éste remoloneaba en cumplir dicho cometido, al tiempo que, por su parte, lo facilitaba, tendiéndose a la expectativa sobre la arena caliente. Es de saber que ninguna de las dos socias (dicho sea entre paréntesis) llevaba nada bajo la falda [. . .]. (1207)

Asimismo, la escena que se reproduce a continuación llama la atención por la combinación de ingredientes sadomasoquistas con lo ridículo, produciendo un efecto grotesco que podría llamarse erótico-cómico. En ella, Harter narra los problemas del joven vendedor para satisfacer los deseos de las dos "forajidas" bajo la amenaza de muerte. Al tratar de disuadirlas de amenazarlo con sus pistolas, el muchacho provoca la siguiente reacción:

la rubita, alzándose del suelo, desgajó una rama y empezó a golpearle con fría furia sobre el flojo miembro, mientras que la otra se reía odiosamente. ¡Santo remedio! No hay duda de que el castigo, por triste que resulte admitirlo, hace marchar a los renuentes y perezosos. Ahora, el joven—a la vista estaba—podía responder ya a lo que se esperaba de él; y, en efecto, no dejó de aplicarse con ahínco a la obra, a pesar de que, entre tanto, la otra pájara, insultándolo y llamándole cagón, empezó a propinarle puntapiés y taconazos en el desnudo trasero,[. . .].(1207-08)

A pesar de la naturaleza sardónica e irrisoria del episodio, no deja éste de tener un tenue matiz macabro. Como explica Harter, después de su humillación, y habiendo cumplido con su cometido, el joven comenzó a sentir verdadero temor por su vida. Como quiera que sea, las chicas muy bien podrían haberlo asesinado. "Pero, ya ves lo que son las cosas," explica Harter, "no ocurrió así, se marcharon tan tranquilas, después de darle las gracias por todo con fina sorna" (1208). Hasta aquí, el relato no ha pasado más allá de mero incidente cómico y ridículo, la amenaza de muerte no se cumple sino hasta la narración de Mabel. Al igual que la narración de su marido, el cuento de Mabel consiste de un episodio irrisorio hasta cierto punto; pero la potencialidad de tornarse desastroso o desagradable se cumple en esta segunda parte con el horrible homicidio del tonto Martín. Podría decirse que la muerte acaece de manera inesperada, que Ayala ha hecho caer al lector en la idea de comicidad de ambos episodios, tomándole desprevenido con el asesinato del inocente, a quien se ha matado, "como a los perros" (1210).[78]

En otro orden de ideas, cabe mencionar que en este relato, a través de los dos episodios que lo forman, Ayala está ejercitando (quizás de manera inconsciente) una versión microcósmica de su tesis sobre el ejercicio del poder. Vista desde cierto punto, esta tesis, tan bien plasmada en su colección *Los Usurpadores*, hace también sutil aunque degradada aparición en este pequeño relato cómico-terrible. Como explica Ayala en el conocido prólogo a

109

dicha colección, "el poder ejercido por el hombre sobre su prójimo es siempre una usurpación" (454). Así, puede interpretarse que en los dos incidentes que ocupan esta narración existe una usurpación por parte de las dos parejas de libidinosas féminas. En el primer caso, las actoras, en violación invertida, humillan y maltratan a su víctima, convirtiéndolo en mero objeto sexual a fuerza de las armas. En el segundo caso, las supuestas beatas hermanas López, aprovechándose de la incapacidad de Martín, también lo convierten en objeto sexual y luego ponen término a su vida de una manera terrible.

En ambos casos, puede también intuirse la formación jurídica del autor, ya que, en ambos incidentes, quedarían perfectamente tipificados como delitos sexuales en la mayoría de las jurisdicciones del mundo occidental, y desde luego, en las del mundo de habla hispana.[79] Analizados dentro de este contexto, los incidentes narrados se tornan menos irrisorios y ameritan alguna reflexión, algo como la que ofrece el teniente respecto al primero de ellos: "en manera alguna me parece que sea motivo de chanza. [. . .] Muy al contrario, de la mayor preocupación" (1209).

En un sentido esta reflexión puede bien llevarle a uno hacia la dirección que lleva el mundo actual. En otro sentido más inmediato, puede observarse cómo el relato refleja el estilo narrativo del teniente Harter. Es decir, a través de "circunloquios y plagado de detalles", Ayala ha presentado de manera magistral un relato que hace reír pero también reflexionar.

"Un Pez"

"Un pez" es historia de las que Amorós cataloga como "fuera de lo común, de valor simbólico, que dejan al lector interrogándose sobre su sentido último" (*Prólogo* 85). Irizarry ve la posibilidad del pez como símbolo erótico (*Ayala* 91). Pero lo que más se quiere destacar aquí es la manera en que Ayala toma un episodio mínimo de la vida cotidiana y lo convierte en pequeña farsa satírico-grotesca. "Un pez" es pequeña farsa repleta de malos olores, burla, injurias y referencias a lo bajo corporal. Narrada en primera persona por el "Polaco", narrador que evoca al pícaro que explica sus acciones a sus oyentes a fin de justificar los resultados por lo general humillantes, dudosos y a veces desastrosos. "[L]o cierto es que a cualquiera hubiera podido pasarle lo mismo" ofrece el Polaco como justificación (1211). Pero a diferencia de la movilidad y el dinamismo que tiende a definir al pícaro típico, el bellaco de esta historia se caracteriza precisamente por su falta de movimiento, sobre todo por su abulia.[80] La abulia se percibe además del trasfondo de la narración del polaco que presenta un asomo de su vida rutinaria, prosaica y más bien aburrida: trabaja durante la semana y los sábados se dedica a ver "partidos" y tomar cerveza con los compañeros de trabajo. Los domingos, cuenta el Polaco, generalmente se queda "tan ancho" en casa sin hacer nada mientras su mujer, la "Gorda", sale con sus hijos a ver a los suegros del polaco (1212). El domicilio conyugal se ve además complementado por presencia de una inquilina: la hermana de la "Gorda", alias la "Gorducha" quien, con su vida negligente y desordenada (según la describe el polaco), contribuye a la abulia general que permea la vida del Polaco. "Quien la vea [a la Gorducha] por la calle," dice el Polaco, "tan oronda, pomposa y repolluda, ni se imaginará el chiquero que es ese cuarto suyo. Con las prisas, todo se lo deja por los suelos, en las sillas, sobre la cama desecha" (1212). Las peripecias de este aventurero pasivo le suceden mientras se halla sentado en el portal de su casa. Allí es, por ejemplo, donde llega la vecina doña Rufa, "la del *beauty parlor* [bastardilla original]" de enfrente para el ocasional encuentro sexual con el narrador. Excepto que, "el

111

domingo pasado" nos dice el narrador, "resulta que la muy puerca estaba con la sangre, y yo, cuando me vi hecho una lástima, sin poder contenerme le di una bofetada" pero, nos recuerda, "eso fue el domingo anterior" (1213). Así, la narración del polaco desciende prontamente al ámbito de lo bajo corporal, en el que además se presenta un leve momento de violencia carnavalesca. Pero, una vez inmerso en este mundo de abulia, secreciones corporales y bofetadas, surge el elemento que da vida a este relato grotesco: el hedor. Efectivamente, la trama principal del relato gira en torno a la desventura del Polaco con un enrome pescado que le da nombre a la narración y que le regalan unos "mozalbetes" mientras se halla reposando en su portal. En un texto lleno de humor e ironía en contra del narrador, éste explica como aparece un enorme automóvil "de esos descubiertos," dice el Polaco, "una especie de bañadera, un Lincoln viejo pintado de blanco, largo como una lancha" (1214). Al detenerse la "lancha" uno de los individuos le ofrece al Polaco "un pescado". "¿Qué iba a decir?" pregunta el Polaco a su auditorio, "[d]ije que bueno. Le ofrecen a uno un pescado…" (1214). Y así es como le dejan al Polaco un "pez enorme, una especie de tiburón de metro y medio" en el portal de su casa (1214). A partir de este momento el relato se convierte en verdadera farsa. Sin saber qué hacer, el tonto protagonista empeora su situación al arrastrar al enorme pescado al interior de su casa. Como es natural, lo más molesto del "monstruo" no era tanto su tamaño sino su tremendo y desagradable olor: "que hedor y que peste" le dice la "Gorda" entre regaños, injurias e improperios (1214). "Lo que me gritó la Gorda fueron cosas que no voy a repetir", dice el Polaco con indignación (1214). Luego, la Gorducha agrega a la barulla con sus críticas y comentarios. La situación se va deteriorando hasta que toda la vecindad se hace partícipe del odorífero escándalo incrementándose la vejación y humillación del Polaco. Se arma así el escándalo burlesco de vecindad lleno de niños y vecinos curiosos. Todo termina con la llegada de la policía, el pago de los gastos por remover al enorme pez y un reporte en el *New York Times*.

Al igual que "Una boda sonada", "El prodigio" tiene un fuerte elemento humorístico, pero se diferencia del relato de Ataíde en que, conforme avanza hacia su terrible conclusión, el humor se aleja de lo que sería la risa fácil y liberadora de un Rabelais, acerándose más bien a la risa demoníaca de Budelaire. Por ello además, "El prodigio" es uno de los relatos ayalianos que no sólo contiene elementos grotescos, sino que es una historia grotesca en sí. En ella se combina lo lúdico con lo terrible para producir ese choque irresuelto de elementos incompatibles de que hablan estudiosos como Ruskin y Thomson. La narración de El Prodigio se desarrolla en un ambiente de ambigüedad e incertidumbre. La ambigüedad comienza a establecerse ingeniosamente a través de la distancia temporal. "De esto hace ya muchísimo tiempo", nos dice la voz narrativa omnisciente, con un estilo que evoca el cuento de hadas y ubicando luego la historia vagamente en el siglo XVIII (1217). También muy desde el principio se establece la duda al hacernos ver que se trata de una relación basada en fuentes informales. "No parece que sea cierto, como se pretende", nos dice el narrador, para luego advertirnos que "[a]l pueblo le gusta demasiado revestir de leyenda y exagerar hasta lo increíble todo fenómeno que sale de lo común" (1217).

La historia gira en torno a un niño genio que nace en un pueblo no nombrado, hijo séptimo de miserable familia campesina. Cuando sus prodigiosos talentos son finalmente descubiertos, se le llevará a la corte de un príncipe tampoco nombrado, en donde será por algún tiempo admirado para acabar siendo pronto olvidado. La vaguedad del cuento se reafirma con la incertidumbre creada alrededor del nombre del niño prodigioso. ¿Félix o Fénix? Al igual que los aldeanos, los habitantes de palacio, y toda la gente que lo rodea (incluyendo su misma familia), los lectores jamás llegamos a saber a ciencia cierta el nombre del prodigio.

Según nos dice el narrador, este hijo séptimo de la pobre familia, es bautizado Félix, o Fénix "por propio arbitrio" del cura de la aldea, y "sus padres, o no sabían cuál ponerle o les interesaba poco" (1217). A partir de este momento, el narrador utiliza ambos nombres indistintamente creando, como se ha dicho, incertidumbre alrededor del niño prodigio y dándole además un tono lúdico (no exento de patetismo) a la narración. El sentido lúdico surge además con respecto a los posibles significados del los nombres Félix y Fénix. Como ya ha mencionado Irizarry, ambos son nombres muy sugerentes e incluso pueden resultar contradictorios significando el uno (Félix) fortuna y el otro infortunio (*Ayala* 94). Además, Irizarry ha sugerido que el relato utiliza a veces el nombre de Félix como probable referencia a Lope (*Ayala* 94). A lo anterior se debe reitear que Félix indica también felicidad. Como es sabido, Ayala pone mucho cuidado en la nomenclatura de sus personajes. En este caso, además de la mencionada ambigüedad, el juego de los nombres fortalece el tono de ironía en el relato que podría tratarse de mucho, más no de la vida de un niño feliz. En su breve análisis, Irizarry menciona también el posible significado de que el prodigio sea hijo séptimo. "Our genius is a seventh child," dice Irirzarry, "a fact which is also of uncertain portent since the number seven is both fatal and felicitous in superstition" (*Ayala* 94). Además de perpetuar la ya mencionada ambigüedad del relato, esta posibilidad cabalística reitera nuevamente el sentido lúdico de la narración a la vez que aumenta el patetismo con la marginación y el creciente olvido del infeliz prodigio.

Finalmente, cabe mencionar la manera burlesca y satírica en que el relato es narrado. Con su estilo de narrar, la voz omnisciente del narrador reproduce la narración graciosa de la leyenda popular y contribuye también a infundirle a esta historia el espíritu juguetón mencionado. Pero además, y según se desprende del siguiente pasaje, el tono ligero con que es narrado el relato refleja también la liviandad con que el genio es tratado a su recepción en palacio.

> El Príncipe le sometió a diversas pruebas, de las que el niño conseguría salir bastante airoso [. . .]. Le pidieron que recitara, que cantara y él cantó con discreto gusto,

aunque no era extremada su voz . . . Complació mucho, en suma; recibió dulces y caricias; y una vez que la novedad hubo pasado [. . .], Fénix quedó relegado también [al igual que el autómata que años antes había constituido la sensación de la Corte] al cuarto de los sirvientes, donde le habían dado lecho y mesa. (1221 y 1222)

Se crea así un efecto tragicómico que subraya la contradicción entre el tono ligero de la narración y el tema propiamente trágico, misma contradicción que genera una tensión emotiva en la lectura. Este aspecto queda claramente comunicado por dos palabras: "quedó relegado," como cualquier mono sabio. Lo que se desperende también del pasaje anterior es que el mundo que rodea al niño no sabe cómo relacionarse, ni qué hacer con una joya como el niño prodigioso. Al igual que el narrador sin nombre de la isla incierta de Macacos, el niño sabio de la aldea anónima deambula por un mundo al que en realidad no pertenece. Pero en el caso del prodigio, su marginación obedece a una causa adicional, distinta: el niño prodigio es un monstruo—entendido el monstruo no necesariamente como un ser que causa terror, sino como un ser extraordinario que causa extrañeza y que desconcierta a los seres "normales" que lo rodean. Vista así, El prodigio es la historia de un monstruo, caso extremo de la marginación. "[M]onster", dice Jeffrey Jerome Cohen, "is best understood as an embodiment of difference, a breaker of category" (x). En este sentido, la sugerencia lopezca de Irizarry trae a colación el tan conocido apelativo que diera Cervantes al Félix literario: "monstruo de la naturaleza".

La idea de monstruo además conlleva el principio de Otredad. En este sentido, Ruth Waterhouse, al referirse a la manera en que se define el vocablo "monster" en el OED, dice lo siguiente: "[t]he definitions stress that monsters are Other, as contrasted with the subjectivity of Self that classes them as alien in some way [. . .]" (28). En efecto, el niño genio de "El prodigio" representa en cierta manera la Otredad. "The response to a monster" continúa Waterhouse, "may be influenced by any or all of the aspects of the semantic field, and may be modified within the discourse" (28). Así, las reacciones ante la Otredad pueden ser, por ejemplo, el miedo y el rechazo. El niño extraordinario del relato ayaliano, en cambio, ocasiona más que nada curiosidad, desconcierto y, hasta cierto punto burla. El niño prodigio no deja de ser en todo momento un ente marginado. Es un ser extraordinario que está fuera de su medio entre la gente "ordinaria" o "normal", un ser incomprendido que por lo mismo está siempre al margen del mundo que lo rodea. Como ente exiliado, y a pesar de haber nacido en la misma aldea que los demás, el niño prodigio sí pertenece a otro mundo. El prodigio es un ente extraño que jamás podrá ser comprendido por su mundo.

La disociación entre el niño y su realidad tiene inclusive un tono quijotil. Como demuestra el relato ayaliano, al igual que la locura, la mente prodigiosa del niño tiende a apartarlo del mundo que lo rodea. Así como en *El Quijote* hay una disociación entre el mundo y el ethos de Alonso Quijano, en "El prodigio" la hay entre el mundo y la inteligencia excesiva del niño. En el mundo del Quijote, como hace ver Ayala, el caballero de la triste figura es un hombre que pertenece a una clase carente de función social (*Ensayos* 613). De manera similar, el prodigio no tiene función en la sociedad en la que nace y por ello queda degradado. Esta degradación del niño sabio puede, claro, entenderse como comentario a la sociedad y le da además su sentido trágico al relato. En su incomprensión e ignorancia el mundo que rodea al niño prodigio acaba por degradarlo: lo transforma en especie de bufón (1221) y mono; "mono sabio" es llamado en más de una ocasión (1220), epíteto tampoco casual que encarna la deshumanización del que sea diferente. La degradación del niño prodigio queda puntualizada por la manera tan terrible en la que muere. Tras fugaz notoriedad, y una vez pasada la novedad del niño sabio, éste queda olvidado en los rincones de palacio. Al igual que el autómata "que pocos años antes había constituido la sensación en la Corte", el niño desaparece de la conciencia palaciega (1221 y 1222). Al poco tiempo, el niño prodigio (que de hecho siempre fue enfermizo y delicado) cae enfermo. En reiteración de la ignorancia del mundo que lo rodea, el narrador nos relata su tratamiento médico así: "el médico, que al comienzo le prescribiera lavativas y una dieta muy rigurosa, viendo que no mejoraba, pero que tampoco parecía ponerse peor, lo fue descuidando" (1222).

Finalmente, el niño genio es regresado a su pueblo natal. Ahí, a pesar de, o quizás gracias a, los pocos e inadecuados cuidados que le puede proporcionar su ocupada madre, la salud del niño prodigio continúa deteriorándose. Finalmente, en su abandono, el débil genio acaba siendo parcialmente devorado por una marrana. Acudiendo a los gritos, cuando lo hallan está ya muerto, "[a]hí estaba", dice el narrador, "en el suelo, comida una oreja y parte de la cara" (1222-23).

Como menciona Irizarry, la muerte porcina tiene antecedentes literarios que subrayan la bestialidad del mundo que rodea al niño prodigio e intensifica la ironía del relato (*Ayala* 95). A lo anterior, habría que agregar que la manera en que el niño muere reitera uno de los temas constantes de Ayala: el *homo homini*. Esta idea de antropofagia alegórica la señala el mismo narrador al hacernos ver que, en su padecimiento, el niño no comía siquiera "el pedazo de pan <u>con tocino</u>" que su madre procuraba darle (1222). Además, al explicarnos la muerte, el narrador hace la siguiente aclaración: "([e]l cerdo, nadie lo ignora, es, como el hombre, animal omnívoro; come de todo)" (1223). La función de dicha aclaración no será tanto para ilustrar al lector con respecto la condición omnívora de los cerdos como para subrayar mediante la analogía el grado de responsabilidad que tuviera "el hombre" en la desgraciada vida y muerte del infortunado prodigio. El que esto sea uno de los temas del relato lo confirma otra alusión literaria más que resulta significativa para esta historia ayaliana. Se refiere a la admonición del Libro Séptimo de Mateo: "No deberás [. . .] arrojar perlas ante los cerdos, pues las pisarán y podrán luego devorarte".[82]

A pesar de la ambigüedad que permea el relato, el sentido humano en "El prodigio" no se pierde del todo; sin embargo, no se puede dar el mismo acercamiento con los personajes que se hace presente en otros relatos como por ejemplo "Historia de macacos" o "El As de Bastos". Dada la manera impersonal y liviana en que es narrada la historia del niño desafortunado, nunca se rompe la distancia inicial entre lector y personajes. Así, el mundo selvático que "desgasta y consume" a los seres de "Macacos" se convierte en el mundo ignorante que degrada y acaba por devorar al prodigio. Y al igual que el protagonista de "Macacos", el prodigio es un marginado dentro de la misma sociedad en la que se desenvuelve. Pero este distanciamiento no es mero accidente, con Ayala nada es en vano. El efecto de lo impersonal de la narración, con su eco del cuento de hadas (que es muchas veces un cuento cruel) mantiene un distanciamiento entre lector y relato que refleja la marginación del prodigio respecto de su mundo.

CAPÍTULO IV

EL JARDÍN DE LAS DELICIAS

Nota preliminar

Esta colección (en lo sucesivo, Jardín) ha dado ocasión para que estudiosos de la prosa ayaliana la consideren como una de las obras más sofisticadas del autor granadino. Poco después de su publicación (1971), en conocida entrevista con Andrés Amorós, Ayala mismo llamó a *Jardín*, obra "perturbadora, rara, de la que quizá resulte aventurado opinar, de la que tal vez no se sepa qué decir" (*Confrontaciones* 103). En pleno acuerdo, Amorós dice que "el libro no es, evidentemente, sencillo desde ningún punto de vista" (*Confrontaciones* 95). Carolyn Richmond dedica un estudio entero a la complejidad estructural de *Jardín* y en la que hace los siguientes comentarios al respecto:

> es una obra de estructura sumamente compleja.[. . .], esa estructura es básicamente dual, dualidad que se manifiesta de diversas maneras. En el nivel más superficial puede advertirse en la contraposición de las dos partes del libro, 'Diablo mundo' y Días felices'; pero debajo de ella se descubre otra dualidad más profunda, constituida por el contraste entre la línea de la duración en el tiempo y las diversas recurrencias sobrepuestas a esta línea con una gran diversidad de enfoques y de tonalidades. ("Complejidad" 403)

Obra extraordinaria compuesta de cincuenta y cinco relatos, algunos muy raros y perturbadores, agrupados en tres capítulos o partes que reflejan el tríptico homónimo de Hieronymus Bosch: "Diablo Mundo", "Diálogos de amor" y "Días Felices". Pero el paralelismo con la conocida obra pictórica se extiende más allá de la mera división y nomenclatura. En un intertexto con la pintura del maestro holandés, Ayala utiliza en los primeros dos paneles de su obra literaria una plétora de a

119

veces diminutas representaciones (algunos de los relatos no ocupan más de media página) por las que desfila una galería de seres extraños que a la vez atraen y repelen, y que tienden a incitar la curiosidad, la risa, el horror, el asco y, en más de una ocasión, la lástima y la compasión del lector. Esto se conjuga con la tercera parte de la obra del maestro granadino para plasmar una imagen unitaria y totalizadora del mundo en la que se mezcla lo desagradable con lo bello; lo ridículo con lo trágico; lo degradante con lo sublime.

La primera parte o "Diablo Mundo", lleva como subtítulo "Recortes del diario de *Las Noticias*, de ayer", y está compuesta por diez breves relatos que imitan otros tantos reportajes periodísticos en estilo y temática, y que reproducen algunos de los aspectos más chocantes de nuestra sociedad. En ellos Ayala pretende, "usar la prensa diaria como espejo del mundo en que vivimos" (23). En los relatos "El caso de la *starlet* Duquesita" y "Escasez de la vivienda en Japón", por ejemplo, el estilo narrativo mimético inyecta un fuerte ingrediente sardónico y humorístico que disfraza la depravación y decadencia que cada relato pone de manifiesto. En "Otra vez los gamberros" y "Un *Quid pro Quo*", la ironía juega papel determinante para producir resultados cómicos, pero a la larga horribles.

La segunda parte del tríptico narrativo ("Diálogos de Amor") es posiblemente la sección más cruda y escatológica de la Colección. Consiste de siete narraciones a manera de diálogos, cada uno de los cuales presenta una versión degradada del título, pues lo que subraya cada relato es más bien el deseo sexual desenfrenado. Las escenas y los personajes que desfilan a lo largo de estas depravadas narraciones a veces harán reír, pero casi siempre repugnan. Engaño, estupro y violación son los principales medios en que aparece "el amor" en esta sección. El viejo engañado por jóvenes seductoras; la niña púber en vías de ser seducida/violada en una orgía; el borracho que contempla una bacanal desde su perspectiva en el suelo; todos ejemplos de las grotescas viñetas dialogadas que aparecen en esta segunda sección.

La última parte de esta extraordinaria obrita ayaliana, o sea "Días Felices", está constituida por una serie de remembranzas y reflexiones. Esta última sección es la más extensa y está escrita con tono apacible, prosa lírica y muy personal. Por lo mismo, constituye el ancla tranquilizante de la trilogía. Con voz melancólica y meditabunda, Ayala nos ofrece observaciones sobre arte, cultura, vida, y humanidad. Se sigue asomando el aspecto grotesco de la vida pero sin tanto protagonismo. Más que nada aparece como *motif* para reiterar su papel imprescindible en nuestra realidad. Lo absurdo y lo trágico se aprecian en narraciones como "La trapecista y su muerte" por ejemplo; lo feo y tenebroso se asoma entre los dos absortos enamorados de "Magia I"; lo degradado surge entre las nostalgias de estudiante de "San Silvestre". Pero el tono es otro, en lugar de burla o cinismo, lo que surge de esta última sección es la nostalgia: un constante anhelar por lo bello, lo bueno, lo eterno y, ultimadamente, lo humano. De esta manera, se completa el cuadro del mundo que pinta Ayala para reiterar su cosmovisión en la que hay horror, hay degradación, hay tragedia, pero en un contexto en el que subsiste lo humano y sobrevive la esperanza.

En su extenso estudio sobre esta obra, Emilio Orozco Díaz considera que en ella, Ayala expone una concepción del mundo "a la vez manierista y barroca [. . .], en forma a la vez consciente e inconsciente, a la vez intelectualista e intuitiva" (*Introducción* 21).

La obra está compuesta de aproximadamente cuarenta relatos, algunos brevísimos, agrupados, como menciona Richmond, en sendas partes que dividen al libro: "Diablo Mundo" y "Días Felices". El paralelismo con la conocida pintura de Hieronymus Bosch se extiende mucho más allá de la simple nomenclatura. Ayala procura también reflejar la misma temática de la famosa obra pictórica. Como explica Ayala en la mencionada entrevista de Amorós, a los dos paneles de *El jardín de las delicias* del pintor holandés corresponden las dos partes del libro tal cual ha quedado compuesto, pues no sólo se refleja el 'inmundo mundo' sino también, en 'Días felices', " [. . .] la eterna nostalgia del Paraíso [. . .]". (*Confrontaciones* 97)

No quiere decir ello que no se puedan presentar (como de hecho se hará aquí) una o dos narraciones para dar una idea de algunas de las imágenes que Ayala pinta con su prosa. Pero la imagen queda incompleta, porque, dada la naturaleza particular de esta obra, debe ser contemplada como un todo. Por ejemplo, algunas narraciones no son propiamente grotescas pero contienen el elemento compasivo o de humanidad tan importante en el grotesco ayaliano. Del mismo modo, las narraciones que se examinan en este capítulo no contienen en sí ese elemento de compasión de salvación a que se refieren Ayala y Ricardo Arias. En otras palabras, lo que no se puede hacer es, como se ha dicho, evaluar la obra entera solo a través de alguna o algunas de sus partes.

Cabe reiterar desde luego los paralelismos entre El Bosco y Ayala a los que se refiere Arias en su ya multicitado estudio comparativo entre el artista y el escritor. Aquí sólo vale subrayar que, al igual que la obra del Bosco, *Jardín* contiene un desfile de "seres tullidos, deformes y monstruosos" (Arias 417), particularmente en lo que se refiere a la primera sección, "Diablo Mundo". [83]

"Diablo Mundo"

Como explica el mismo Ayala, "[e]ntran en esa primera sección obritas donde se acentúa la actitud y la temática cruda empleadas en mis novelas más recientes hasta hacerse intolerable para algunos lectores" (*Confrontaciones* 96).

Dada su crudeza y la ya mencionada plétora de imágenes grotescas que contiene "Diablo Mundo", es natural que sea la parte más obviamente grotesca del libro. Orozco Díaz al comentar esta primera sección del libro, considera que la acción de ésta "se nos viene encima, [. . .] nos implica y complica en ella, [. . .] nos desagrada y nos violenta y hasta en algún momento nos asquea" (57).

Dicha sección a su vez se subdivide en dos partes. La primera intitulada "Recortes del diario *Las Noticias*, de ayer" y la segunda, "Diálogos de Amor". Ambas son reproducciones sarcásticas y grotescas de la realidad pero que, en concordancia con la teoría de lo grotesco de Ayala, no la distorsionan al grado de que no sea identificable.

"Recortes del diario Las Noticias, de ayer"

Como dice el propio autor en su Prólogo a esta sección: "me dedico a fraguar noticias fingidas que, en el fondo, son demasiado reales, buscando usar la prensa diaria como espejo del mundo en que vivimos, y prontuario de una vida cuya futilidad grotesca queda apuntada en la taquigrafía de este destino tan desastrado" (*Jardín* 16).

Así, la consabida reelaboración ayaliana de diferentes obras literarias toma aquí un matiz más prosaico. Ahora bien, no es ésta la primera vez que Ayala imita el estilo periodístico. Ya antes en su novela *El fondo del vaso* había aparecido. Sin embargo, como sugiere Pérez, el estilo narrativo utilizado en "Noticias" es más real y prosaico, lo que hace más interesante el libro, porque "the 'art' or artifice is downplayed, minimized, and disguised" ("*Art*" 143).

Las diez "noticias" reproducidas en esta sección pintan en efecto un cuadro algo ridículo pero deprimente del mundo que pretenden reflejar. Brevemente, se narra a continuación el contenido de algunas de las "noticias". "El caso de la Starlet Duquesita", por ejemplo, trata sobre el esclarecimiento de la muerte de una "joven artista" que se había presumido asesinada por su lenón, de nombre Inocencio Caballero, "alias Tirabuzón, el 'amigo' y 'protector' de la infortunada Duquesita" aclara el reporte (*Jardín* 17). Sin embargo, gracias a lo que describe el artículo como una carta autógrafa en la que Duquesita explica la intención de suicidarse (en virtud de que *Tirabuzón* sólo la quiere por su dinero), Caballero "ha escapado a última hora como quien arriesga un salto mortal", dice el reporte (18).

Un segundo reportaje, "Escasez de la vivienda en el Japón", explica como dicha escasez ha obligado a una pareja de casados a "ejercer en lugar público sus actividades genéticas" (21). Al ser detenidos por la policía, el marido explicó, "no sin orientales circunloquios y embarazadas sonrisas" que su domicilio conyugal consistía de un cuarto que compartían con "tres hijitos, su suegra y dos cuñadas" (21).

Como podrá apreciarse, los reportajes contienen elementos de verdadera crítica social a través de un tono jocoso. Sin embargo, no debe perderse de vista que el primer reporte comentado tiene como tema el suicidio, y el segundo, trata sobre el acto sexual. Es decir, temas serios o crudos tratados de manera jocosa aunque sarcástica. No todos los reportes necesariamente causan risa, se tiene por ejemplo el intitulado "Otra vez los gamberros" en el que una pandilla de pelafustanes acaba por ahogar a un niño de ocho años en presencia de su abuelo a quien aquél pretendía proteger de las agresiones de la pandilla (19-20). Otro reporte que sorprende por su actualidad es el que lleva el siguiente encabezado que por sí solo explica el contenido: "Por complacer al amante, madre mata a su hijita" (23). Este estilo noticioso acerca al lector a la factibilidad (por más ridícula que parezca) de los incidentes que se describen pues, como dice Orozco Díaz, "aunque sepamos que son pura ficción, sin embargo el artificio de ofrecerlos como noticias de un diario, instintivamente, crea en nosotros esa actitud psicológica de estar recogiendo directamente una información periodística" (61).

Además, como demuestra Pérez con ejemplos como el de "Un *Quid pro Quo*", Ayala está efectivamente tomando ejemplos de la misma realidad (*"Recycling"* 143-4). Así, se aprecia muy bien la imagen del mundo actual. Y no está de más decir que esa imagen es grotesca, pero el efecto no se logra simplemente con reproducir imágenes feas de la realidad, sino que, como ha hecho en otras obras ya comentadas, Ayala combina lo cómico/ridículo con lo terrible para lograr un efecto desequilibrante. En este caso, la contraposición jocoso/terrible se halla más bien en la combinación de reportajes más bien prosaicos ("Escasez de vivienda en el Japón") con episodios verdaderamente dramáticos ("Por complacer al amante [. . .]"). De igual manera, y como siempre hizo a lo largo de su narrativa, Ayala combinaba en un mismo episodio, lo patético, triste o lastimoso con el estilo narrativo hiperbólico y tendencioso de algunas publicaciones periódicas.

"Diálogos de Amor"
En esta segunda parte de "Diablo Mundo" Ayala presenta una serie de siete relatos a manera de diálogos bajo el rubro alusivo mencionado. En ella, explica Orozco Díaz, Ayala "nos pone ante personajes reales en un prosaico acontecer de todos los días" (61). Como observa Rosario Hiriart, los "Diálogos" son mini-dramas en los que se representa una visión negativa de la conducta humana a través de los diálogos de los diferentes personajes (*Alusiones* 156). "La intención general de estas piececitas" continúa esta autora, "asume un carácter irónico, pues [. . .], nos presentan un amor muy distinto al concepto neoplatónico que inspira a León Hebreo, de quien toma el título. [. . .] nos sitúan, en efecto, frente a la manera de entender el amor en que éste aparece como puramente físico, aberrante muchas veces" (*Alusiones* 156-7).
Como se puede apreciar, esta sección sobre todo representa una continuación de la temática principal de la colección *Bastos*. Esta es, en efecto, la parte más cruda y escatológica del libro. Las escenas y los personajes que desfilan a lo largo de aquellas, hacen reír, pero a su vez repugnan. "*Un ballo in maschera*" por ejemplo, ofrece imágenes como la del gordinflón

mimado, disfrazado de "pierrot" que acaba a punto de ser violado en la cabina telefónica. "Acuda pronto señora" le dicen a su obsesiva madre, "[v]an a reventar la cabina" (56). O la del borracho tirado en el piso debajo de la mesa que describe la escena desde su perspectiva:

> muchos pares de pies, pasan persiguiéndose al compás de la música; pies de mujer y pies de hombre; pero éstos aquí, [...] a la altura de mi cabeza, cansados ya, pertenecen a una vieja que-apostaría yo-no se ha quitado el antifaz. Se sacó los zapatos, pero el antifaz lo tendrá bien encajado, para que no se vea que es una vieja repulsiva, la dueña de esta mano que, ahora, llena de sortijas, percudida, con manchitas color de hoja seca, [...] ha descendido y rasca perezosamente el muslo izquierdo. Dejando en el pellejo unas señales amarillas, como si me rascara a mí la calva; [...]. (52)

Así, muy sutilmente, Ayala describe no sólo a la "vieja repulsiva" sino al mismo borracho calvo y alude de paso a la vejez y a la muerte.

Otra "fiesta" que aparece en esta sección es *Gaudeamus*", en la que, bajo este título algo goliárdico, se halla el lector en un auténtico ambiente de orgía. Por ejemplo, el "estudiante-poeta" que con engaños y artimañas introduce a una jovencita a un antro con el propósito de emborracharla y violarla: "anda, entra de una vez. ¡Entra, criatura!" (71). Para establecer el ambiente de orgía o bacanal, en este relato Ayala hace alusión a íconos de los bacanales greco-latinos: "Miren señoras y caballeros, quién comparece en esta docta academia poco antes de que cante el gallo. ¡Salve, Estudiante-Poeta! Y acompañado, el gran sátiro, de una ninfa nueva, que cualquiera sabe dónde acabará de capturar . . . " (72). Mientras, en súbito cambio de escena, se "oye" la voz de una mujer que le reprocha a un viejo el estarle agarrando la pierna. "¡Ay! usted perdone, señorita!", dice el viejo, "[e]s verdad, que había confundido su pierna con la mía, ¡qué tonto!" (72). Otro cambio, y "escucha" uno que alguien llama a "Juanita" para "poner orden" (73). Al contestar aquella, de inmediato se desborda la siguiente escena:

> -Ya voy, amor; estoy aquí; ya voy. Espera un instante, que éstos me tienen agarrada, y no hay modo. Soltad de una vez, estúpidos. ¡Jesús qué bestias! Si de cualquier manera todos a un tiempo tampoco es posible. ¡Señor Dios! Ni que tuviera una más agujeros que una flauta...
>
> -Déjenla, señores. ¡Pobre chica!
>
> -¡Uf, vaya! ¡Gracias a Dios! Y ahora ¿qué es lo que pasa por allá?
>
> -Nada, que esta desgraciada se me ha puesto a vomitar. (73)

Así, con una técnica prácticamente cinematográfica, dada su espontaneidad y el abrupto cambio constante de escenas, Ayala va llevando a uno de un lado a otro en cada uno de estos mini dramas como llama Hiriart a cada diálogo (*Alusiones* 156). Podría agregarse que algunos de los diálogos a su vez se fragmentan en mini dramas internos. Como explica Orozco Díaz, en estas obritas, "fluye todo con tal variedad, en una desigualdad de visiones tan natural, donde todos los impulsos son tan espontáneos y donde se entretejen tan íntimamente los varios diálogos, exclamaciones y comentarios, co las excitaciones visuales que nos sugieren, que viene a constituirse con ello un todo envolvente del que no es posible salir"(65).

"Días Felices"

Esta segunda sección del libro consiste de remembranzas a la manera de autobiografía, algunas se remontan a la infancia del narrador y otras a un pasado más reciente. Como explica Ayala, esta sección contiene tonos líricos que suavizan la narración (*Confrontaciones* 97). Orozco Díaz describe así esta segunda sección a diferencia de las otras dos:

> [d]esaparece la seca o impersonal objetividad de las noticias y asimismo los diálogos vivos y directos que se nos imponían como una realidad inmediata envolvente que nos forzaban a estar viendo, escuchando e incluso a tomar parte. Ahora cuando el diálogo aparece queda inserto en la narración del recuerdo, casi siempre en pretérito, y con ello la viveza que puede adquirir queda distanciada a un ámbito espacial y temporal que no es el aquí y el ahora en que estamos situados. (68)

A pesar del cambio de tono que representa "Días Felices" no por ello deja lo grotesco de ocupar lugar prominente en algunas de las narraciones. Se tiene por ejemplo, el antro al que distraídamente entran dos absortos enamorados en "Magia, I":

> La sala del restaurante anodino, con sus muebles y sus horribles lámparas, y aquellas caras, aquellos bultos, aquellos cuerpos. Fue como hallarme de improviso contigo, como si tú y yo nos halláramos de improviso metidos en una cueva muy perversa, frente a los cien mil peligros grotescos, amenazas imprecisas, sórdidos ademanes y esas miradas viscosas que, sin querer darme cuenta, había estado sintiendo desde el comienzo adheridas a mi piel; sí, las había sentido enredarse entre mis dedos y resbalar por mi cara como pesados salivazos lentísimos, pero no quería darme cuenta. (142)

No cabe duda de que esta escena, inserta en medio de una remembranza amorosa, compite con cualquiera de las grotescas escenas de "Diálogos" o de "Noticias". Más adelante, el amante describe a dos viejas como, "dos brujas que, en un rincón, engullían infatigablemente, con sus fláccidos, pintarrajeados, pringosos e insaciables hocicos, atroces alimentos a los que sólo daban tregua de vez en cuando para echar hacia nosotros ojeadas malignas; [. . .]" (142).

Como se ha dicho, en opinión de Ayala, los tonos líricos suavizan narraciones como ésta (*Confrontaciones* 97). Asimismo, Orozco Díaz considera que, además del tono, lo que distingue las escenas terribles como las de "Diablo Mundo" de las de "Días Felices" es "la misma especial visión y actitud ante lo humano" que en narraciones como "Magia" ofrece Ayala a los lectores (79). En "Magia" por ejemplo, continúa Orozco, la terrible visión "se ofrece como correspondiente a un mundo que nos rodea, sí, pero –por su enajenación amorosa la enamorada pareja penetra en ese antro-del que se huye precipitadamente al tener conciencia de él" (79). Sin embargo, en cierta manera, la escena de "Magia" atemoriza más por ofrecerse en contraste con el idílico mundo de los enamorados. Las imágenes terribles se hallan entremezcladas con las imágenes dulces de tonos líricos, produciendo un efecto posiblemente menos "chocante", pero más siniestro por incongruente.

Una narración que destaca por la manera magistral en que Ayala utiliza los ingredientes de lo grotesco es "San Silvestre", la remembranza de una noche de Año Nuevo que un estudiante español pasó como estudiante extranjero en Alemania. Orozco Díaz atinadamente compara este relato con el ya comentado *"Un ballo in maschera"*. Considera que ambos contienen escenas en las que "todo es agitación y baraúnda" (70). Sin embargo, es importante agregar que el motor que mueve la acción es la dinámica que se da entre la nostalgia y la fuerza que mueve a la mayoría de los "diálogos" de la sección anterior: el deseo carnal. Pero este es un deseo frustrado, fruto de promesas irrealizables, y aparece como sub-tema del relato. Efectivamente, el país extranjero parece paraíso inalcanzable: "era como si una vidriera nos separase del país donde estábamos viviendo: un país húmedo, verde y misterioso, selva de maravillas, que nos envolvía, nos atraía, nos reclamaba con señas muy seductoras, apremiantes casi, sin que jamás lográsemos alcanzarlo [. . .]" (105). Y las mujeres, cuales sirenas homéricas, "emitían promesas inequívocas que, sin embargo, resultaban fallidas siempre. Promesas desmentidas; falsas promesas . . ." (105). La alusión homérica podrá no ser consciente, pero cabe perfectamente dentro de la serie de imágenes que, al igual que *Un ballo in maschera*", contribuyen a establecer un ambiente de orgía grecolatina. Los muchachos esperaban impacientemente la fiesta de San Silvestre porque era "la gran bacanal" en ella "había licencia para todo" (105). Además, las personas son descritas a través de referencias animalescas y mitológicas que contribuyen a la imagen de orgía romana. Por un lado se tiene a Lucio González que, "cual simio rijoso, había salido corriendo y saltaba ahora tras una abundante ninfa" (108). Por otro, están los tres muchachos que se lanzaron tras "un rebaño femenino" (108). Luego "el peruano Zaldívar", que se halla en "el vértigo del vals vienés" con una "walkiria casi albina" (108). Finalmente, está la descripción y actitud del guía y "mentor" de los estudiantes, que aparece como auténtica encarnación del dios Baco/Dionisio: "Marqués de Saint-Denis, gordo y jocundo, pintoresco personaje, de cuyo marquesado se conjeturaba ser fantasía pura o a lo sumo –como sostenían otros– un mero título pontificio, y aún para eso de origen portugués: no Saint-Denis, sino San Dionís (106). Haciendo honor a su homónimo mitológico y actuando como auténtico sátiro, el viejo Marqués barrigón es visto por sus alumnos, "sacar hacia la pista a una chiquilla muy tierna" (109). Este "diablo viejo", como lo llama a veces el narrador, lleva a los muchachos a "la Franziskaner Keller, local bien espacioso como es sabido, sin necias pretensiones de champagne, antes fiel a su popular cerveza" (106). El local evoca no solo las bacanales greco-romanas, sino también tiene motivos de las orgías goliárdicas del Medioevo: "[e]l desmesurado local rebosaba de gente. A sus tradicionales decoraciones-típicas escenas de glotonería frailuna y carteles jocosos en dialecto y corrupto latín vulgar con caracteres góticos-habían añadido para la ocasión guirnaldas de hojas verdes y muchas luces de colores" (107).

No obstante, a este ambiente orgiástico de tonos grecolatinos y medievales, se agrega un ingrediente más macabro y que da la idea del aquelarre. Como explica el narrador, la popular cerveza del local es, "aquella famosa Bockbier cuya excelencia proclama, trepado sobre un tonel en medio de la sala, un enorme cabrío de papier mâché" (106). La alusión podría pasarse por alto si no fuera por una reiteración de este motivo demoníaco que incluye una descripción más detallada: "[b]ajo el empinado y agresivo macho cabrío del centro, [. . .] habían instalado una tarima para la orquesta de acordeones y violines que debía animar la fiesta. El humo de las pipas y cigarrillos subía a lo alto [. . .]" (107). Como puede apreciarse, la inocente mascota ya no es solo mero chivo sino se transforma a través de la segunda descripción en "macho cabrío", "empinado y amenazador", y rodeado de humo. Se establecen así como se ha dicho, verdaderas evocaciones de los aquelarres goyescos o aquéllos presididos por el Baphomet de los Templarios (Spence 63), mismo que aparece en una de las ilustraciones que acompañan a esta colección (*Jardín*, ilustración 5).

A todo lo anterior debe agregarse el ambiente de frenesí y de movimiento circular que se van estableciendo conforme avanza el relato y que contribuye también a ese movimiento circular al que se refiere Richmond en su Prólogo (24) y que a menudo se asocia con el aquelarre. Nuevamente se llama la atención a la figura del macho cabrío que se encuentra en el centro del salón, en donde también se halla la orquesta. Por ende, el baile ocurre alrededor de esta figura demoníaca y que el narrador describe (el baile) así: "alrededor de la orquesta [y, por ende, del macho cabrío], algún espacio libre como pista de baile, donde ahora bullía una multitud excitadísima" (107). Más adelante, después de que varios de los compañeros y el viejo "Marqués" están ya en la danza, el narrador describe la escena nuevamente: "[l]a sala entera era un hervidero de risas, gritos y susurros, música no escuchada, pesados manotazos y forcejeos festivos. Avanzaba la noche, corría el licor, la atmósfera estaba cada vez más cargada y, por supuesto, unos antes, otros después, todos habíamos de ir entrando en la danza" (109). Además, este "ritmo" circular y frenético se ve complementado a través de otros recursos incidentales, como cuando se describe el ya mencionado "vértigo" del vals vienés, o cuando el narrador menciona "las fatigosas evoluciones" del marqués o el "torbellino de la sala" (109). Todo este escenario circular sirve de trasfondo para la "evolución" principal de la obrita: la que se da cuando el narrador por fin halla a alguien que le interesa, o más bien, que lo obsesiona. Se trata de un par de hembras que al parecer son madre e hija. El otrora observador pasivo, al sentirse atraído por la joven e incitado discretamente por la madre, se transforma en partícipe, entra al baile y comienza a girar con los demás. Aunque las evoluciones del protagonista sirven solo para aumentar el sentido de frustración al girar no solo alrededor de la pista sino de alrededor de la hija sin poder bailar con ella. Conforme la describe el protagonista, aquélla parece evocar a las vírgenes vestales, con su "altivez tímida y todo el orgulloso desamparo de la inocencia virginal" (109). Se acentúa pues el tema del deseo frustrado cuando el joven, obsesionado por bailar con la doncella, se ve impedido por la dama mayor que se interpone y la hija que se niega a seguir bailando. Así, los deseos del joven de bailar con la "virgen", se ven frustrados por la dama de más edad que, "quizá considerándolo prudente al creerme más ebrio de lo que estaba, quizá compadecida de las emociones excesivas que agitaban mis pocos años, quizá envidiosa y ávida ella misma, me tomó del brazo y me condujo con severa dulzura hacia el centro del salón" (111). Según se aprecia, a través del estribillo se emula la sensación de movimiento circular en la que se halla inmerso el protagonista frustrado. Además, el vocablo subrayado parece expresar esa idea de especulación e incertidumbre que rodea todo lo que en ese momento experimenta el narrador. Conforme se desarrolla la acción circular en la "pista" de baile, el estudiante ve constantemente como su anhelo por bailar, poseer, amar a la chica se frustra ante la reluctancia coqueta de ésta y la intervención constante de su madre. Además, una vez metido el protagonista en aquél "torbellino" del que parece no poder ni querer ya separarse, asemeja al ilusorio jinete de feria que montado en el carrusel busca atrapar el anillo que parece estar a su alcance:

[l]a jovencita [. . .] se negó a bailar conmigo las veces próximas. Se negaba y se negaba, y se negaba.[. . .].Yo estaba turbado; todo era confuso alrededor mío. [. . .]. Dos veces o tres más, varias veces, conseguí echarle la zarpa de nuevo; pero siempre, para exasperación mía, acudía la otra al rescate, ofreciéndoseme en cambio.[. . .].

Más no puedo recordar; más, no recuerdo.(111-12)

Finalmente el "aquelarre" llega a su clímax cuando a la media noche una trompeta anuncia el año nuevo, y el joven sucumbe y aparentemente se desploma: "fue como si la gritería que se levantó en la sala agotara de golpe mis energías últimas. Los ojos se me cerraron, y tengo la memoria imprecisa de que unos dedos cariñosos me acariciaban los párpados; de que mi cabeza reposaba, feliz, sobre un regazo cálido" (112). Quizás había logrado finalmente estar con la joven hechicera pero al despertar la escena que percibe ofrece varias posibilidades: "me di cuenta de que estaba tendido en el suelo, junto a una silla derribada y un montón de <u>serpentinas</u>. <u>En todo lo alto, encaramado siempre, triunfaba el cabrío de la Bockbier</u>" (112). Si se persigue la idea de simbolismo demoníaco y de brujería aquí sugerida, se aprecia un inevitable paralelismo entre "serpentinas" y serpientes entre las que despierta el joven quien, al igual que el borracho de "*Gaudeamus*", se halla "en el suelo, entre las patas de una mesa" (112). Asimismo, la escena incluye el motivo de la vieja repulsiva, en este caso, sin embargo, el protagonista es también objeto de contemplación: "Y enfrente (sic) de mí, muertas de risa, me contemplaban unas viejas armadas de escobas. Eran las mujeres de la limpieza, con sus pañuelos atados, sus escobas y sus baldes de agua" (112). De esta manera, a través de las dos viejas surge nuevamente la sugerencia al motivo de la bruja; aunque el caso de "*San Silvestre*" resulta aún más siniestro que los de "*Gaudeamus*" y "*Un ballo in maschera*". Ayala explica que la diferencia entre narraciones como éstas y "San Silvestre" no radica en el tema orgiástico, sino en el tono (*Confrontaciones* 132). Pudiera decirse sin embargo, que el tono hace más terrible la narración lírica de

133

"*San Silvestre*" vuelve por lo mismo más macabra la narración. En
"*Gaudeamus*" y "*Un ballo in maschera*", se está desde un principio
a sabiendas de la situación y del ambiente, en tanto que en "*San
Silvestre*", a través de su lirismo y tono nostálgico, el narrador
conduce al lector a una expectativa frustrada. Pues, igual que el
borracho de "*Un ballo in maschera*", el estudiante acaba en el piso,
"entre las patas de una mesa". Además, el implícito de ocultismo,
brujería y lo demoníaco se combina con el lirismo y tono
nostálgico para crear un ambiente siniestro en el que lo familiar y
lo terrible se dan en yuxtaposición incongruente típica de lo
grotesco.

CONCLUSIÓN

Para Ayala la función primordial de su escribir es la de expresar sus preocupaciones intelectuales más profundas radicadas en su particular visión del mundo. Al igual que en su demás producción prosística, lo que busca Ayala a través de los relatos aquí estudiados es plasmar dicha visión. En opinión de Ayala, la labor de todo buen escritor debe incluir la búsqueda de las técnicas más apropiadas para transmitir adecuadamente su cosmovisión. En sus esfuerzos, Ayala a menudo ha recurrido a lo grotesco como instrumento para comunicar su percepción de la realidad. El uso de materiales desagradables y seres protervos abunda en la novelística ayaliana. Sin embargo, a pesar de su reconocimiento tácito sobre la consistente presencia de lo grotesco en la narrativa de Ayala, el grotesco ayaliano ha sido casi ignorado por la crítica. No existe propiamente un estudio que profundice y se dedique exclusivamente a lo grotesco de la novelística del autor granadino. Lo que más se encuentra es el comentario incidental o tácito de algunos de los estudiosos más destacados de la prosa ayaliana.

Este silencio bien se puede atribuir a la naturaleza ambigüa de lo grotesco que lo hace fácilmente identificable, pero difícil o imposible de definir. Curiosamente, tanto la obra como la misma persona profesional de Ayala se resisten a la categorización. Habiendo sido abogado, sociólogo y profesor, es difícil catalogar a Ayala como novelista y nada más. Para Ayala toda su obra intelectual debe estar íntimamente ligada entre sí como manifestación de las diferentes preocupaciones intelectuales que se desprenden de su particular visión del mundo. De igual manera, el grotesco ayaliano debe percibirse contextualmente como elemento expresivo de su cosmovisión.

A través de lo grotesco Ayala presenta un mundo perturbado y perturbador. Un mundo en el que abundan lo desagradable, lo escatológico y lo bestial en compañía de lo cómico, lo fársico y lo juguetón. Por su parte, los protagonistas de Ayala son por lo general seres degradados, solitarios y angustiados. Esto ha hecho que muchas de las interpretaciones de la narrativa grotesca ayaliana la considere satírica, cínica y pesimista. Además ha acarreado comparaciones con los grotescos de autores como Quevedo y Valle Inclán. Pero Ayala considera que la línea histórica de su grotesco sigue más bien la pauta de Cervantes. Según Ayala, Cervantes critica y se burla del mundo, pero no lo deforma hasta quedar aquél irreconocible. En opinión de Ayala, Cervantes buscaba exponer la fealdad del mundo sin separarse de él. Esto es lo que a su vez persigue Ayala a través de sus personajes protervos, pues generalmente detrás de la máscara bestial, degradada de los protagonistas del autor granadino, se hallan seres muy humanos, vulnerables y frágiles; seres dignos de compasión.

Esta es característica reincidente de lo grotesco en Ayala: la compasión por el ser humano. La compasión se deja ver aún en los relatos más escatológicos como "Historia de Macacos" o "*The Last Supper*", en los que a través de la terrible degradación de los seres que los pueblan, se pueden percibir entes dignos de compasión. Las deformaciones y rebajamientos de Ayala no cambian ni destruyen la naturaleza intrínseca de los seres que pueblan sus narraciones. Ultimadamente son seres humanos, y Ayala casi siempre mantiene esa ligadura a veces muy tenue, pero siempre presente. Esto es lo que a su vez persigue Ayala a través de sus personajes protervos, pues generalmente detrás de la máscara bestial, degradada de sus protagonistas, se hallan seres muy humanos, vulnerables y frágiles; seres dignos de compasión.

Conforme al mismo consenso crítico, a partir de la colección *Historia de Macacos*, el ingrediente grotesco adquiere una participación más directa e inevitable, imposible de ser ignorada. Surge así la gran dicotomía de la literatura de que habla Ayala entre el contenido intelectual y el continente artístico de la obra, y en la que ambos compiten por la atención del lector. Dada su naturaleza perturbadora, lo grotesco abandona frecuentemente su lugar marginal de mero artífice para convertirse en principal foco de atención. Así, lo grotesco tiende a abrumar y distraer al lector haciendo que el mensaje intelectual quede oculto tras una fachada burlona, sarcástica y pesimista. Esto ha provocado que el mundo novelístico ayaliano sea a veces criticado por ser demasiado negativo y desagradable. Sin embargo, en la narrativa ayaliana, no debe atribuirse a los elementos grotescos valor o significación autónoma, más bien deben entenderse dentro del contexto total de la obra, es decir, en conjunción con su propuesto sentido intelectual y en pleno entendimiento de su función. Surge otra vez la figura del Manco de Lepanto, pues, a diferencia de grotescos como los de Quevedo o de Valle, la fuente del grotesco ayaliano debe buscarse en Cervantes. Al igual que Cervantes, Ayala procura rebajar con su grotesco los grandes temas universales a un nivel más humano y concreto, aunque esto pueda significar a veces inmiscuir al lector en el fango y la miseria del mundo. Por ello, tal y como lo sostiene Ayala, las narraciones estudiadas perturban, no por lo feo ni por lo grosero, sino por su aproximación a la realidad.

Otro de los elementos más reiterativos del grotesco de la narrativa de Ayala es la combinación inarmónica de lo lúdico o de lo cómico con lo trágico o lo terrible. Algunas de sus narraciones contienen la combinación incongruente de escenas prosaicas y vulgares con escenas de verdadero patetismo u horror. Para Ayala ésta es una manifestación de lo que es la vida, una tragicomedia en la que lo pedestre se conjuga con lo universal, en el que los grandes temas son a veces tratados desde perspectivas muy vulgares u horripilantes.

La degradación es también aspecto relevante del grotesco de Ayala. Sus técnicas para la degradación varían, pero generalmente incluyen la bestialidad, la escatología y la inversión de papeles. Pero la degradación ayaliana se da a diversos niveles, no sólo se degrada a los personajes sino también los temas y a veces hasta la misma narración. A través de la degradación Ayala rebaja los grandes temas universales a un nivel material, humano y concreto.

Como se espera haber demostrado, lo grotesco ocupa lugar preponderante en la narrativa de Francisco Ayala y sirve de instrumento para aproximarse al sentido y al espíritu de muchas de sus obras. En tal virtud, lo grotesco merece papel primordial dentro del estudio del arte narrativo de este gran autor. Se espera que el presente estudio sirva aunque sea de pábulo para estudiar con más detenimiento los elementos de lo grotesco en la narrativa de Francisco Ayala.

NOTAS

---

[1] En lo sucesivo, a menos que se diga otra cosa, todo subrayado será agregado.

[2] Ver en términos generales su tratado sobre las significaciones de lo grotesco *the Grotesque, a Study in Meanings*.

[3] [w]hereas most ideas are coherent at the core and fuzzy around the edges, the grotesque is the reverse: it is relatively easy to recognize the grotesque 'in' a work of art, but quite difficult to apprehend the grotesque directly. (xvi)

[4] Ver, por ejemplo a Clayborough, Harpham, Kayser y Thomson, entre otros.

[5] Ni Kayser ni Harpham aclaran de dónde fue adoptado el nuevo estilo, pero en nota a pie de página del traductor de De Architectura, aquél dice que provenían de Alejandría (105n1).

[6] Después de describir estas figuras heterogéneas y extrañas, Vitruvio lanza su condena: "Haec autem nec sunt nec fieri possunt nec fuerunt. Ergo ita novi mores coegerunt, uti inertiae mali iudices convincerent artium virtutes: quemadmodum enim potest calamus vere sustinere tectum aut candelabrum ornamenta fastigii, seu coliculus tam tenuis et mollis sutinere sedens sigillum, aut de radicibuset coliculis ex parte flores dimidiataque sigilla procreari? At haec falsa videntes homines non repregendunt sed delectantur, neque animadvertunt, si quid eorum fieri potest necne.(105) ("Figuras tales no existen, ni podrán existir, ni han jamás existido. Así, apoyándose en estas nuevas modas los malos jueces condenan el arte virtuoso por inerte y aburrido. ¿Acaso puede un tallo sostener un techo? ¿Puede un candelero adornar alguna teja? ¿Acaso puede el tenue tallo servir de asiento a la estatua? ¿De qué manera podrían flores y pseudo-estatuas surgir de las raíces y los tallos de alguna planta? Y sin embargo al ver estas falsedades, los hombres no procuran condenarlas sino deleitarse en ellas, sin siquiera preguntarse si en realidad puediesen o no existir. (Traducción del suscrito).

[7]
Suppose a painter should at fancy's beck
Join to a human head a horse's neck,
And, bringing limbs of every beast together,
Stick on them plumes of particoloured feather,
so that a woman beautiful and nesh
Should tail off to a shocking ugly fish,
Could you, my friends, admitted to the sight,
Refrain from laughing at the thing outright?
Believe, my Pisos, such a sketch would be
The very moral of a book here we
Should find the ideas vague, unreal, vain,
Like dreams disordered of a sick man's brain,
So neither head nor foot finds proper place
In form precise in any single case.(405)

Además, resulta interesante que Horacio es quizás el primero en hacer la transposición crítica de este estilo, del campo de las artes pictóricas al campo del arte literario.

[8] *The Grotesque in Art and Literature*. Un contemporáneo pero menos citado estudiante de lo grotesco fue Jennings quien se verá más adelante; sin embargo, el énfasis de *The Ludicrous Demon* de Jennings es lo grotesco en la literatura alemana en particular.

[9] Ver su *Reflections of a Nonpolitical man*. Cabe recordar además, que Mann fue uno de los autores que Ayala tradujo y a quien le dedicó algunas páginas de su obra crítica, ver por ejemplo, "La Alemania culta de Thomas Mann".

[10] Kayser es pronto en aclarar que las ideas plasmadas por Hugo en su famoso prólogo se derivaban del Romanticismo alemán, en particular, dice Kayser de los escritos del filósofo Victor Cousin (56).

[11] Ahora bien, según Bajtín la interpretación de Hugo "debilita el valor autónomo de lo grotesco, considerándolo como instrumento de contraste para la exaltación de lo sublime" (*Rabelais* 45).

[12] "[i]l y est partout; d'une part, il crée le difforme et l'horrible; de l'autre, le comique et le bouffon" (7).

[13] "it seems to me that the grotesque is, in almost all cases, composed of two elements, one ludicrous, the other fearful; [...]" (126).

[14] Asimismo, vale notar que tiene relación directa con lo que autores como Amorós denominan el aspecto "tragicómico" de la novelística ayaliana, que no es otra cosa que lo grotesco.

[15] Como se verá más adelante, estas ideas plasmadas por Ruskin tienen relación directa con las concepciones de Ayala sobre la visión del mundo que, según el autor granadino, es en donde radica "el núcleo de las preocupaciones intelectuales de un hombre" (*Confrontaciones* 34). Además, en lo que al presente estudio se refiere, las ideas plasmadas por Ruskin sobre la naturaleza ambivalente de lo grotesco resultan de suma utilidad. Ya que, como se verá más adelante, el grotesco ayaliano se caracteriza precisamente por oscilar entre esos dos aspectos predominantes de que habla el arquitecto inglés, a saber: lo lúdico y lo terrible.

[16]

> [a]nd whatever there is of deep and eternal consciousness within him, thrilling his mind with the sense of the presence of sin and death around him, must be expressed in that slight work, and feeble way, come of it what will [...] and as the bright colors mingle beneath his touch, and the fair leaves and flowers grow at his bidding, strange horrors and phantasms rise by their side; grisly beasts and venomous serpents, and spectral fiends and nameless inconsistencies of ghastly life, rising out of things most beautiful, and fading back into them again, as the harm and the horror of life do out of its happiness. (141-42)

[17] Ver nota 2 *supra*

[18] Ver por ejemplo, los estudios de Harpham y McElroy. Además, en lo que al presente estudio se refiere, las ideas plasmadas por Ruskin sobre la naturaleza ambivalente del grotesco resultan de suma utilidad. Ya que, como se verá más adelante, el grotesco ayaliano se caracteriza precisamente por oscilar entre esos dos aspectos predominantes de que habla el arquitecto inglés, a saber: lo lúdico y lo terrible.

[19] Aunque extensa, vale la pena transcribir entera la cita de Poe a que se refiere Kayser:

> Be sure they were grotesque. There were much glare and glitter and piquancy and phantasm—much of what has been since seen in *Hernani*. There were arabesque figures with unsuited limbs and appointments. There were delirious fancies such as the madman fashions. There was much of the beautiful, much of the wanton, much of the bizarre, something of the terrible, and not a little of that which might have excited disgust. To and fro in the seven chambers there stalked, in fact, a multitude of dreams. And these—the dreams—writhed in and about, taking hue from the rooms, and causing the wild music of the orchestra to seem as the echo of their steps. (Kayser 78-79).

[20] Kayser menciona la "fusión injustificada de reinos diferentes del ser" que critica Hegel en su *Asthetic* (Kayser 101). En cuanto a Pirandello, Kayser se refiere a la "dicotomía entre forma y movimiento, ilusión y realidad" de *Seis personajes en busca de un autor* del dramaturgo italiano (137). Para Mann, ver comentarios de Kayser al respecto sobre todo en las pp. 158 y 159.

[21] "An inadequate understanding of the grotesque is possible; the individual forms and detachable contents are ambiguous and suffused with the most diverse meanings"(181)
No obstante, dice Kayser, existen ciertas "formas" y "motivos" que tienden a surgir en lo grotesco (181). Acto seguido, Kayser hace una larga enumeración de dichas formas y motivos grotescos que recorre desde el mundo animal (por ejemplo, Kayser destaca el murciélago como "[t]he grotesque animal incarnate") y vegetal, hasta el mundo de la demencia humana (181-184).

[22] "THE GROTESQUE IS A PLAY WITH THE ABSURD. It may begin in a gay and crefree manner [. . .]. But it may also carry the player away, deprive him of his freedom, and make him afraid of the ghosts which he so frivolously invoked" (187). De aquí la crítica de Bajtín en el sentido de que la concepción de Kayser proviene de un punto de vista existencialista (*Rabelais* 50).

[23] La obra de Jennings es casi contemporánea a la de Kayser. En su nota a pie de página Jennings reconoce el mérito del maestro alemán, pero declara la autonomía de sus propias ideas (157n6).

[24] Cabe tomar en cuenta, sin embargo que ciertos autores como Canfield (3) consideran que el grotesco no solo se da en las artes visuales. Estos dan como ejemplos las disonancias de Stravinsky y Bartok, respectivamente.

[25] "the grotesque object always displays a <u>combination of fearsome and ludicrous qualities</u> [énfasis original]" (10).

[26] Según Jennings, "[a] type of situation can be conceived of that displays a deep-seated distortion with aspects of the fearsome and ludicrous" (18).

[27] "Here the distortion does not comprise a departure from the human form, but rather a violation of the basic norms of experience pertaining in our daily life" (18).

[28] "Both the fearsome and ludicrous aspects of the grotesque situation are increased by the factor of motion" (19)

[29]

> [t]he characteristic motion of the grotesque object is that of dancing, since this is the activity most calculated to call forth fear alongside amusement "the cyclical form of the dance turns the motion back upon itself. The motion of the figure is no longer directed toward the observer but becomes engaged in the production of a spectacle, the monster parades itself before us for our contemplation. (1)

[30] "the unresolved clash of incompatibles in work and response". (27)

[31] Esto se adecua perfectamente a la narrativa de Ayala cuando habla de mantenerse dentro del contexto de lo real (ver, por ejemplo, *Confrontaciones* 122).

[32] Para Conocer algo de la trayectoria de publicación de *Macacos,*véase la introducción de Carolyn Richmond (15-18).

[33] Salvo algunos cambios menores, este estudio fue publicado con anterioridad en la Revista *Letras Peninslares en el número de Otoño/Invierno de 2003-2004*

[34] Ya Keith Ellis ha hecho ver esta conexión entre Macacos y la picaresca (132). Asimismo, como hace ver Gilbert Highet, la narración en primera persona ha sido técnica usual de la sátira (5).

[35] Todas las citas de "Macacos" se derivan de la Edición crítica de Carolyn Richmond de *Historia de Macacos*, Editorial Castalia, 1995.

[36] Esta idea ya ha sido sugerida por Richmond, quien además considera que las referencias clásicas que se hallan en la obra, "respaldan lo que en la ficción poética viene a ser espejo de la eterna condición humana" (29).

[37] Como dice Richmond, "los seres de la especie humana muestran ser un reflejo de sus simiescos antepasados" (30).

[38] Esto trae a colación el tema hobbsiano del homo homini lupus, ya antes tratado de manera implícita por Ayala en obras como *Los Usurpadores* y *Muertes de Perro*.

[39] Ver para este efecto a Highet (221-23) y, sobre todo, Bajtín (251 y ss).

[40] Se infiere que el único que no ha participado es el periodista *gay*, Toñito Azucena.

[41] Conviene ver también las observaciones de Richmond respecto de los banquetes (32 y 33) que, a pesar de no referirse (los comentarios) propiamente a lo grotesco, resultan de sumo interés.

[42] Según el diccionario Webster, "garner" significa recoger, acaparar, acumular, como en un granero o despensa (480).

[43] En virtud de que la obra fue escrita y publicada durante la estancia de Ayala en Puerto Rico (*Recuerdos* 424), por ejemplo, se ha querido establecer un paralelismo entre este relato y su vida en dicho país caribeño. Pero en una nota a la edición Gredos de la colección *Historia de Macacos*, Ayala descuenta la antedicha especulación como "bobería".

[44] Ver por ejemplo, *Nelson* de David Walder (xix).

[45] Ver en este sentido, Richmond, Macacos (23).

[46] Vale mencionar aquí también la manera en que los verbos que utiliza Ayala evocan la imagen de un comer animalesco.

[47] En este sentido ver, por ejemplo los comentarios de Martínez Herrarte, quien considera que Ayala presenta en "Macacos", "un mundo sin esperanza, sin valores, en auténtica crisis" (4). Asimismo, ver Irizarry, quien considera que la visión existencial del ser humano y del mundo es elemento común en la novelística de Ayala y que, por ello, las narraciones de Ayala producen, "una sensación de desamparo en un mundo caótico de estrago moral y crisis" (Teoría 7-9).

[48] Ya Richmond ha señalado algunos aspectos del ingrediente humano de la narración (27 y 28).

[49] Como señala Rosario Hiriart, "Abarca, nombre que parece apuntar hacia su rudo comportamiento y hacia su voraz ambición" [subrayado original] (53).

[50] El pasaje de la página 791, en el que los colonos que vigilan las acciones de Abarca hasta en el retrete sirve también para demostrar lo bajo de aquéllos.

[51] El personaje de Martín amerita atención aparte, baste mencionar que sus extrañas profecías ejercen sobre todo dos funciones interesantes. Por un lado, contribuyen al ambiente general de ambigüedad de la obra. Por el otro, se asocian con la idea de parodia épica que se trató al principio del presente estudio. En este sentido, ver nuevamente la Introducción de Richmond (28-9).

[52] Ver por ejemplo, Eugenio de Nora quien la ha llamado una "maliciosa y sarcástica farsa" que presenta una visión del mundo "pesimista, despreciadora, amarga, del hombre de la postguerra [. . .]" (252). Opinión similar es la que expresa Rodríguez-Alcalá, cuando dice que relatos como "Macacos", "reflejan una visión peyorativa, pesimista, del hombre y de la vida [. . .]. Los personajes de nuestro autor", continúa el crítico paraguayo, "desconocen la piedad, la benevolencia, la caridad" (79).

[53] En este sentido, ver Prólogo a la colección de *Los usurpadores*.

[54] Salvo algunos cambios menores, este estudio apareció publicado en el Volumen 88 de la Revista *Hispania* de 2005

[55] Todas las citas de "The Last Supper" provienen de la edición crítica de *Historia de Macacos* de Carolyn Richmond.

[56] Ver nota a pie de página de Richmond.

[57] "[T]he primary carnivalistic act," dice Bajtín, "is the *mock crowning* and subsequent *decrowning of the carnival king* [. . .]. Under this ritual act of decrowning a king lies the very core of the carnival sense of the world [. . .]" (*Dostoevsky* 124).

[58] Véase sobre todo, su estudio intitulado "La batalla nabal" (*Cervantes y Quevedo* 273 y ss).

[59] Ver Bajtín, *Rabelais* 131 y ss.

[60] Se recordará que en *Muertes de perro* Ayala vuelve a utilizar la metáfora del inodoro como trono. Además, vale la pena también ver su ensayo "Sobre el trono," en el que narra anécdotas históricas sobre el papel del retrete como

símbolo del poder (*El tiempo y yo* 302 y ss). Otros comentarios relevantes aparecen en *Contra el poder y otros ensayos* (1992).

[61] Según explica Bajtín, "En el bufón, todos los atributos reales se hallan trastocados, invertidos, con la parte superior colocada en el lugar inferior: el bufón es el rey del 'mundo al revés'" (*Rabelais* 334). Además, como ya se ha dicho anteriormente, Irizarry y Mermall han hecho ver que Ayala utiliza a menudo la figura arquetípica del bufón.

[62] Como dice Andrés Amorós, Ayala "[d]eshincha un mito consolador haciéndonos ver que el sufrimiento, en ocasiones, no ennoblece, sino que degrada" (Prólogo 65).

[63] Todas la citas de la colección *El as de Bastos* provienen de las *Obras Narrativas Completas*. Ed. Andrés Amorós. México: Aguilar, 1969.

[64] Como dize Aristótiles, cosa es verdadera:
El mundo por dos cosas trabaja: la primera,
Por aver mantenençia; la otra cosa era
Por aver juntamiento con fenbra plazentera.
(LBA v71: "Aquí dice de cómo según natura los homes e las otras animales quieren aver compania con las hembras").

[65] Matilde y Bastos,[. . .] no supieron recoger el fruto en sazón [según lo expresa el soneto XXIII de Garcilaso]. Hoy han pasado los años [. . .]; podría ser hoy lo mismo que ayer pero... los años, el paso del tiempo, han cambiado todas las circunstancias; para Matilde 'la ostentación de la rosa' [Quevedo, soneto "A Flora"] se ha marchitado; para Bastos, cobran también valor los versos de Quevedo: 'tu edad se pasará mientras lo dudas', y dudando, no gozó a Matilde; 'de ayer te habrás de arrepentir mañana'; y así ya hoy, demasiado tarde, ambos con dolor, serán discretos... ¿van a serlo en efecto? (*Alusiones* 121).

[66] En este sentido, ver Iffland quien, al analizar este poema de Quevedo, "[t]hroughout the poem there is a juxtaposition of the beauty that once was, evoked through ironic use of traditional metaphors ('blanca nieve,' 'clavel,' 'plata,' 'oro,' 'rosa') and the sad reality of the present"(74).

[67] En este sentido, J. Huizinga explica que en el ocaso de la Edad Media, "the wistfulness of remembrance and the thought of frailty in itself do not satisfy the need of expressing, with violence, the shudder caused by death. The medieval soul demands a more concrete embodiment of the perishable: that of the putrefying corpse" (140).

[68] "La orientación hacia lo bajo es característica de todas las formas de alegría popular y del realismo grotesco" (*Rabelais* 334).

[69] Esto confirma lo que el propio Ayala declara en particular sobre esta colección:
Los ejes sobre los que gira son aquellos dos fundamentales móviles que, apoyado maliciosamente en la autoridad de Aristóteles, atribuye el Arcipreste de Hita a la conducta humana: mantenecia y fembra placentera. Esos dos móviles operan descarnadamente en mis novelas, combinados entre sí y por cierto bajo las manifestaciones más crudas del poder y la sexualidad. (*Confrontaciones* 45).

[70] A este respecto ver comentario de Irizarry en relación a la anonimidad sexual del hombre (*Arte* 154 y 155).

[71] Se refiere aquí, claro, al conocido soneto 145 de la poeta: "Este, que ves, ..."

[72] Cabe mencionar aquí que el acto sexual entre dos personas mayores no es necesariamente grotesco en sí, lo que importa es el hecho de que, con sus múltiples referencias a la muerte y a lo decrépito, Ayala lo ha hecho grotesco a través de la transposición del amor con imágenes de muerte, senectud y lo ridículo creando una tensión que es lo que hace del cuento un grotesco.

[73] Hiriart hace ver que se trata del tango de Carlos Gardel, "Volvió una noche" (*Alusiones* 122). El tango trata sobre el regreso de una amante que fue infiel y "volvio una noche". Otro tango que tiene letra parecida y que quizá se adecúe más a la situación de los viejos amantes frustrados sería "Amores de estudiante" http://www.last.fm/music/Carlos+Gardel/_/Volvi%C3%B3+Una+Noche.

[74] Diaz, Janet W. Landeira Ricardo. "La historia dentro de la historia en tres cuentos de Francisco Ayala" 488 Cuadernos Hispanoamericanos: Revista Mensual de Cultura Hispanica, 1977; 239-330: 481-94.

[75] Con respecto a la referencia bíblica, pueden verse los comentarios de Rosario Hiriart (*Alusiones* 125).

[76] En este sentido ver también el ensayo de Bergson sobre la risa.

[77] Janet Pérez señala cómo la figura del tonto es uno de tantos motivos recurrentes de la novelística ayaliana ("Art" 141).

[78] Al igual que en casi todas sus narraciones, Ayala recurre al motivo de la bestialidad del ser humano. A este respecto véanse los comentarios ya hechos aquí respecto a "The Last Supper" e "Historia de Macacos", así como el tratamiento bastante amplio que le da entre otros Irizarry a este tema (Teoría 133 y ss).

[79] Ver por ejemplo, los siguientes artículos del Código Penal para el Distrito Federal de México, vigente para el año de 1993 que aunque bien podría haber sufrido reformas, es poco probable que hayan afectado este delito de manera substancial:

> Artículo 265.- Al que por medio de la violencia física o moral realice cópula con persona de cualquier sexo, se le impondrá prisión de ocho a catorce años.[. . .].
>
> Artículo 266.- Se equipara a la violación y se sancionará con la misma pena:
>
> [. . .]II. Al que sin violencia realice cópula con persona que no tenga la capacidad de comprender el significado del hecho,[. . .].(99)

[80] En paráfrasis de Amorós, Irizarry menciona que aquel especula precisamente sobre el simbolismo subyacente de "Un pez" como símbolo de la abulia del protagonista.

[81] Algunas secciones de este estudio han aparecido publicadas en el volumen 89 de la Revista literaria *Hispania* en 2006.

[82] El pasaje bíblico está tomado de la versión en inglés de la *New American Bible*. La traducción es del suscrito.

[83] Todas las citas de El jardín de las delicias provienen de la edición 2006 de Alianza Editorial. Además, para quien llegase a dudar sobre la autenticidad de estos reportes debe bastarle recorrer los diarios actuales para dar con casos auténticos. Ayala se refiere en cierta manera a esta situación difícil ante la que se

halla el escritor satírico cuando la realidad circundante alcanza a la misma ficción. En su breve ensayo "La imposible sátira" Ayala ofrece la siguiente meditación:

> Como escritor aplicado a obras ficcionales, e inclinado muchas veces a producir estilizaciones grotescas de más o menos satírica intención, me he preguntado con frecuencia hasta qué punto le sea concedido a la literatura alcanzar tal finalidad en un mundo que cada día extrema y hace 'normales' los rasgos que la víspera podían verse aún como improbable y maligna caricatura.(*El tiempo y yo* 323)

Obras Citadas

Amorós, Andrés. Prólogo. *Obras Narrativas Completas de
Francisco Ayala*. México: Aguilar, 1969. 9-92.
---. "Las Narraciones de Francisco Ayala." *Novela Española
Actual: Coloquios Celebrados en la Fundación Juan
March del 2 al 7 de junio de 1975*. Ed. Fundación   Juan March. Madrid:
Cátedra, 1977. 11-62.
Arias, Ricardo. "Relación entre 'El Jardín de las
Delicias', del Bosco, y, el de Ayala en el Contexto de   sus Obras."
Cuadernos Hispanoamericanos: revista mensual de cultura hispánica 329-330
(1977): 414-28.
Ayala, Francisco. *Cervantes y Quevedo*. Barcelona: Seix Barral, 1974.
---. *El Cine: Arte y Espectáculo*. Veracruz: Universidad Veracruzana,
1966.
---. *Confrontaciones*. Barcelona: Seix Barral, 1972.
---. *España a la Fecha*. Buenos Aires: Editorial Sur, 1965.
---. *El Jardín de las Delicias*. Barcelona: Seix Barral, 1971.
---. *La Novela: Galdós y Unamuno*. Barcelona: Seix Barral, 1974.
---. *Obras Narrativas Completas*. Ed. Andrés Amorós. México:
Aguilar, 1969.
---. *Recuerdos y Olvidos*. Madrid: Alianza Editorial, 1988.
---. *Reflexiones sobre la Estructura Narrativa*. Madrid: Taurus Ediciones,
1970.
---. *El Tiempo y Yo*. Madrid: Espasa-Calpe, 1978.

Bajtín, Mijail. *La Cultura Popular en la Edad Media y en el Renacimiento: el
Contexto de François Rabelais*. Tr. Julio Frocat y César Conroy. México:
Alianza Editorial,   1990.
---. *Problems of Dostoyevski's Poetics*. Ed. And Tr. Caryl
Emerson. Minneapolis: U of Minnesota Press, 1984.

Barasch, Frances K. "Theories of the Grotesque".
Encyclopedia of Contemporary Literary Theory. Ed. Irena R. Makaryk.
Toronto: U of Toronto Press, 1993.

Barrero Pérez, Oscar. Introducción. *Francisco Ayala: Relatos*. Madrid:
Editorial Castalia, 1997.

Bloise Campoy, Pascual. *Diccionario de la Rima*. Madrid: Aguilar, 1946.

Brandenburger, Edna. "Francisco Ayala y Alemania."
Cuadernos Hispanoamericanos: Revista Mensual de Cultura Hispánica 329-
330 (1977): 308-10.

Brink, C.O. *Horace on Poetry: the 'Ars Poetica'*. Cambridge:

147

UP, 1971.

Cano, José Luis. "Francisco Ayala." *Insula: Revista Bibliográfica de Ciencias y Letras*. 302 (1972): 2.

Carrillo, Francisco. *Semiolinguística de la novela picaresca*. Madrid: Ediciones Cátedra, 1982.

Cervantes, Saveedra, Miguel de. *Don Quijote de la Mancha*. Ed. Martín de Riquer. Volumen I. Barcelona: Editorial Juventur, 10ª ed. 1985.

Chaucer, Geoffrey. *The Portable Chaucer*. Trans. And Ed. Theodore Morrison. New York: Viking Press, 1949.

Cohen, Jeffrey Jerome, Preface. *Monster Theory: Reading culture*. Ed. Jeffrey Jerome Cohen. Minneapolis, Minn: U of M Press, 1996.

Cruz, Sor Juana Inés de la. *Obras Completas*. Ed. Alfonso Méndez Plancarte. Vol. 1. México: Fondo de Cultura Económica, 1951.

Curtius, Ernst Robert. *European Literature and the Middle Ages*. Trans. Willard R. Trask New York: Harper Row, 1963.

Díaz, Janet W. [Janet Pérez] y Ricardo Landeira. "La 'Historia dentro de la Historia' en Tres Cuentos de Francisco Ayala." *Cuadernos Hispanoamericanos: Revista Mensual de Cultura Hispánica* 329-330 (1977):481-494.

Durán, Manuel. "Notas sobre Francisco Ayala, 'El rapto', y el Mito del Eterno Retorno." *Cuadernos Hispanoamericanos: Revista Mensual de Cultura Hispánica* 329-330 (1977): 441-48.

Ellis, Keith. *El Arte Narrativo de Francisco Ayala*. Madrid: Gredos, 1964.

Floris Margadant, Guillermo. *El Derecho Privado Roman*. México: Editorial Esfinge, 1974.

Freud, Sigmund. *Jokes and Their Relation to the Unconscious*. Trans. James Strachey. New York: W.W. Norton & Company, 1960.

Freud, Sigmund. "The Uncanny." Trans. Alix Strachey. <u>The Standard Edition of the Complete Psychological Works of Sigmund Freud</u> Ed.James Strachey et al. Vol. 17. London: The Hogarth Press, 1955.

Gil, Idelfonso Manuel. "Donde Amistad y Admiración

Confluyen." *Cuadernos Hispanoamericanos: Revista Mensual de Cultura Hispánica* 329-330 (1977): 281 287.

"Grosez." *Diccionario de la Real Academia Española.* Vigésima Primera ed. 1992.

"Gross." *Merriam-Webster's Collegiate Dictionary.* 10th ed. Springfield, MA: Merriam-Webster, 1993.

"Grotesco." *Diccionario de la Real Academia Española.* Vigésima Primera ed. 1992.

"Spleen." *Merriam-Webster's Collegiate Dictionary.* 10th ed. Springfield, MA: Merriam-Webster, 1993.

Gullón, Germán. "Degradación y Dictadura en Muertes de Perro". *Cuadernos Hispanoamericanos: Revista Mensual de Cultura Hispánica* 329-330 (1977): 469-476.

Hardison, O.B., and Leon Golden. *Horace for Students of Literature: the 'Ars Poetica' and its Tradition.* Gainesville, FL: UP of Florida, 1995.

Harpham, Geoffrey Galt. *On the Grotesque: Strategies of Contradiction in Art and Literature.* Princeton: Princeton UP, 1982.

Higham, T.F. and C.M. Bowra, eds. *The Oxford Book of Greek Verse in Translation.* Oxford: The Clarendon Press, 1938.

Highet, Gilbert. *Anatomy of Satire.* New Jersey: Princeton U Press, 1962.

Hugo, Victor. Préface. *Cromwell. Œuvres Complètes.* Ed. Eugène Hughes. Vol. 18. Paris, 1827. 3-20.

Hiriart, Rosario. *Las Alusiones Literarias en la Obra Narrativa de Francisco Ayala.* New York: Eliseo Torres & Sons, 1972.

---. "Dos Prólogos de Francisco Ayala". *Insula: Revista Bibliográfica de Ciencias y Letras.* 302 (1972): 1-12.

Horacio. "Epistula ad Pisones". Tr.Alexander Murison. The *Portable Roman Reader.* Ed. Basil Davenport. New York: Penguin, 1977. 405-28.

Iffland, James. *Quevedo and the Grotesque*. London: Tamesis Books, 1978.

Irizarry, Estelle. *Francisco Ayala*. Boston: Twayne Publishers, 1977.

---. "La Cultura como Experiencia Viva en *El Jardín de las Delicias* de Francisco Ayala." Papeles de Son Armadans, 68 (1973): 249-61.

---. "Lo Divino, lo Profano y el Arte en Nuevos 'Días felices', de Francisco Ayala." *Insula: Revista Bibliográfica de Ciencias y Letras*. 302 (1972): 3.

---. *Teoría y Creación Literara en Francisco Ayala*. Madrid: Editoria Gredos, 1971.

---. "The Ubiquitous Trickster Arquetype in the Narrative of Francisco Ayala." *Hispania*. 70 (1987): 222-30.

Joly, Monique. "Francisco Ayala: Ensayo de Interpretación de su Obra Narrativa Posterior a la Guerra." *Cuadernos Hispanoamericanos*. 329-330 (1977): 366-83.

Jennings, Lee Byron. The Ludicrous Demon: Aspects of the Grotesque in German Post-Romantic Prose. Berkley: U of California Press, 1963.

Kayser, Wolfgang. The Grotesque in Art and Literature. Tr. Ulrich Weisstein. Bloomington: Indiana UP, 1963.

MacDonald, Ramiro. "Literatura, retórica, semiótica: el aposo como significación de las características físicas del cuerpo." *Revista Cultural de Guatemala*. Sep-dic 2009, vol. 30 Issue 3, p93-101.

Marco, Joaquín. La Nueva Literatura en España y América. Barcelona: Editorial Lumen, 1972.

Marra López, José Ramón. *Narrativa Española Fuera de España*. Madrid: Guadarrama Editores, 1963.

Martínez Herrarte, Antonio. "'Historia de Macacos', o el Descenso a los Infiernos". *Insula: Revista Bibliográfica de Ciencias y Letras*. 302 (1972): 4-5.

McElroy, Bernard. *Fiction of the Modern Grotesque*. New York: St. Martin's Press, 1989.

Mermall, Thomas. *Las Alegorías del Poder en Francisco Ayala*. Madrid: Editorial fundamentos, 1984.

---. "Sentido y Función del Bufón en *El fondo del vaso*, de Francisco Ayala." *Insula: Revista Bibliográfica de Ciencias y Letras*. 359 (1976): 5.

Murena, H.A. Prólogo. *El As de Bastos*. Argentina: Editorial Sur, 1963. 7-11.

Neumann, Erich. *The Origins and History of Consciousness*. New Jersey: Princeton UP, 1954

Nora, Eugenio de. *La Novela Española Contemporánea*. Vol. 2. Madrid: Gredos, 1963.

Orozco Díaz, Emilio. *Una Introducción a El Jardín de las Delicias de Ayala*. Granada: Universidad de Granada, 1985.

Parédes Núñez, Juan. "El sentido de Estructura Narrativa en Francisco Ayala: el Relato Breve." *Francisco Ayala, Teórico y Crítico Literario: Actas del Simposio Celebrado en Granada, noviembre, 1991*. Ed. Antonio Sánchez Trigueros y Antonio Chicharro Chamorro. Granada: Biblioteca de Ensayo, 1991. 180-86.

Pérez, Janet. "Francisco Ayala and the Art of Literary Recycling." *Letras Peninsulares*. 3.1. (1990): 139-148.

---. "On Misapplications of the Generational Label." *Letras Peninsulares*. 6.1. (1993): 31-50.

Plaza, Galvarino. "Un Relato de Francisco Ayala: Realidad Imaginada o Soledad Intransferible." *Cuadernos Hispanoamericanos: Revista Mensual de Cultura Hispánica* 329-330 (1977): 329-30.

Poema de Mio Cid. Ed. Ian Michel. Madrid: Clásicos Castalia, 1973

Quevedo, Francisco de. *Un Heráclito Crisitano, Canta Sola a Lisi y otros Poemas*. Ed. Lía Schwartz e Ignacio Arellano. Barcelona: Crítica, 1998.

Richmond, Carolyn. "La Complejidad Estructural de *El Jardín de las Delicias* Vista a través de Dos de sus Piezas." *Cuadernos Hispanoamericanos: Revista Mensual de Cultura Hispánica* 329-330 (1977): 403-13.

---. Introducción. *Historia de macacos de Francisco Ayala*. Madrid: Clásicos Castalia, 1995.

---. Prólogo. *El Jardín de las Delicias*. Madrid: Espasa-Calpe, 1978.

Rodríguez Alcalá, Hugo. *Ensayos de Norte a Sur*. México: Ediciones Andrade, 1960.

Rojas, Fernando de. *La Celestina*. Ed. Bruno Mario Damiani. México: Ediciones Cátedra, 1987.

Rose, H.J. *Outlines of Classical Literature for Students of English*. London: Methuen, 1959.

Ruiz, Juan Arcipreste de Hita. Libro de Buen Amor. Ed. Alberto Blecua. Madrid: Ediciones Cátedra, 1988.

Ruskin, John. *The Stones of Venice*. Vol. 3. New York: Peter Fenelon Collier & Son, 1900.

Sheridan, Ronald, and Anne Ross. *Grotesques and Gargoyles: Paganism in the Medieval Church*. Newton Abbott [Eng.]: David & Charles, 1975.

Spence, Lewis. *An Encyclopaedia of Occultism: A Comendium of Informatin on the Occult [. . .]*. New York: Strathmore Press, 1959.

Thomson, Philip. *The Grotesque*. London: Methuen & Co., 1972.

Vitruvius. *On Architecture*. Vol 2. Ed. Frank Granger. Cambridge: Harvard UP, 1957.

Waterhous, Ruth. "Beowolf as Palimpsest." *Monster Theory: Reading Culture*. Ed. Jeffrey Jerome Cohen. Minneapolis, Minn: U of M Press, 1996.

Obras Consultadas

Alighieri, Dante. *La Divina Commedia: Le Rime, i Versi della Vita Nuova e le Canzoni del Convivio.* Ed. Giulio Einaudi. Torino: Giulio Einaudi Editore, 1954.

Ayala, Francisco. *Contra el Poder y Otros Ensayos.* Madrid: U de Alcalá de Henares, 1992.

---. *El Escritor y el Cine.* Madrid: Ediciones del Centro, 1975.

---. *El Escritor en la Sociedad de Masas.* Buenos Aires: Editorial Sur, 1958.

---. *El Escritor y su Imagen: Ortega y Gasset, Azorín, Valle-Inclán, Machado.* Madrid: Ediciones Guadarrama, 1975.

---. *Razón del Mundo.* Buenos Aires: Editorial Losada, 1944.

Bergson, Henry. *La Risa.* México: Editorial Porrúa, 2004.

Canfield, Mary Cass. *Grotesques and Other Reflections in Art and the Theatre.* New York: Kennikat Press, 1968.

Clayborough, Arthur. *The Grotesque in English Literature.* Oxford: Oxford U Press, 1965

Código Penal para el Distrito Federal. Art. 265 y Art. 266, Fracc. II. México: Porrúa, 1993.

Combe, Jacques. *Jerome Bosch.* Paris: Editions Pierre Tisné, 1957.

Díaz del Castillo, Bernal. *Historia Verdadera de la Conquista de la Nueva España.* Vol. 1. Madrid: Espasa-Calpe, 1942.

Gibbs, Nancy. "Death and Deceit." Time. 14 Nov. 1994: 45+.

Griffith, Malcolm. "Theories of the Grotesque." *Ramón del Valle-Inclán: An Appraisal of his Life and Works.* Ed. Anthony Zahareas et al. New York: Las Américas Publishing, 1968.

Hathorn, Richmond. *Greek Mythology.* Beirut, Lb.: American University of Beirut, 1977.

Hiddleston, J.A. *Baudelaire and Le spleen de Paris*. Oxford: Clarendon Press, 1987.

Huizinga, J. *The Waning of the Middle Ages: A Study of the Froms of Life, Thought and Art in France and the Netherlands in the XIV*[TH] *and XV*[TH] *Centuries*. London: Edward Arnold, 1976.

Quevedo, Francisco de, *El Buscón*. Ed. Américo Castro. Madrid: Ediciones La Lectura, 1927.

La Vida de Lazarillo de Tormes y de sus Fortunas y Adversidades. Ed. Antonio Rey Hazas. Madrid: Castalia, 1984.

Walder, David. *Nelson*. New York: the Dial Press, 1978.

www.ingramcontent.com/pod-product-compliance
Lightning Source LLC
Chambersburg PA
CBHW052010090426
42741CB00008B/1627